W0226667

GUIDE DE LA PARFAITE Swiftie

écrit par Cali
illustré par Harry G. Ward

Un guide non officiel

SOMMAIRE

AVANT PROPOS

Chèr·es Swifties,

Bienvenue dans ce monde que vous croyez connaître, un univers rempli d'histoires mélodieuses et d'émotions. En tant que grande admiratrice de cette artiste aux multiples facettes, j'ai été très inspirée pour écrire ce guide à destination de celles et ceux qui partagent ma passion pour la musique, la poésie et le talent de Taylor Swift.

Ce guide n'est pas seulement un recueil de faits et de chiffres sur la vie et la carrière de Taylor Swift, c'est aussi un voyage à travers les chansons qui ont touché nos cœurs, les moments qui ont marqué nos vies et les liens qui nous unissent en tant que fans.

En tant que Swiftie, je sais que notre amour pour Taylor va bien au-delà d'une simple admiration pour ses chansons. C'est une connexion profonde avec une artiste qui nous a accompagné·es à travers les hauts et les bas de nos propres vies, qui a su exprimer nos sentiments les plus profonds avec une justesse troublante.

Dans ce guide, vous trouverez des anecdotes sur les chansons et albums emblématiques de Taylor, des analyses approfondies de ses paroles les plus poignantes et des conseils pour naviguer dans l'univers étendu de la culture Swiftie: des *Easter eggs* aux théories de fans les plus folles.

Que vous soyez un nouvel adepte de Taylor Swift ou un fan de longue date, j'espère que ce guide vous permettra de plonger plus profondément dans l'univers de cette artiste extraordinaire et de trouver une communauté de personnes aussi passionnées que vous.

Alors, installez-vous confortablement, mettez votre album préféré de Taylor en fond, et plongez dans ce guide de la parfaite Swiftie. Après tout, comme le dit Taylor elle-même: "*I wanna be defined by the things I love, not the things I hate*"*.

Cali

* «Je veux être définie par les choses que j'aime, pas par celles que je déteste.»

LES ORIGINES :

L'ENFANCE DE TAYLOR SWIFT ET SON DÉBUT DE CARRIÈRE

ENFANCE ET DÉBUTS DANS LA MUSIQUE

« My big dream is to look out into a crowd of thousands of people and have them singing the words to my songs »*

Tu ne le sais pas encore, mais tu l'as fait Taylor.

Ces mots résonnent aujourd'hui comme une évidence, mais ils ont été prononcés par une jeune fille de 14 ans, rêveuse et déterminée, qui écrivait des chansons dans sa chambre à Reading, en Pennsylvanie. Une jeune fille au talent brut qui, sans le savoir, était en train de tracer sa voie vers les sommets de la musique populaire. Dès son plus jeune âge, avec une ambition dévorante et un talent indéniable, elle a su provoquer dès ses 16 ans l'ascension fulgurante qui l'a portée au sommet. Même s'il paraît difficile de passer à côté du phénomène que propage Taylor Swift aujourd'hui, il fut un temps il y a dix-huit ans et onze albums où Taylor n'écrivait que pour elle.

Plongeons ensemble dans les débuts méconnus de Taylor Swift !

Taylor Swift est née le 13 décembre 1989 à Reading, en Pennsylvanie. Ses parents, Scott et Andrea, ont soigneusement choisi son prénom pour sa neutralité, envisageant qu'il pourrait lui être utile dans n'importe quel secteur professionnel, y compris la finance, où ils travaillaient. Mais c'est aussi le chanteur James Taylor qui les a inspirés car ils en étaient très fans !

Taylor a grandi dans une ferme de sapins de Noël, et a vécu une enfance paisible avec son petit frère Austin, partagée entre ses passions pour l'équitation et le chant. Eh oui, avant de se lancer dans la musique, l'une des premières passions de Taylor était l'équitation. Sa famille possédait sept chevaux, et elle participait à de nombreux concours hippiques avant même ses 10 ans.

* « Mon grand rêve est de voir une foule de milliers de personnes chanter les paroles de mes chansons ».

Petit à petit cependant, elle va délaisser l'équitation pour la musique. Ou plus spécifiquement pour… les comédies musicales ! Cette passion lui a d'abord été transmise par sa grand-mère Marjorie Finlay, chanteuse d'opéra classique avec qui elle participait à la chorale de l'église. Elle n'avait que 9 ans à ce moment-là.

Elle joue également dans des pièces montées par son école telles que *Grease*, *Annie*, *Bye Bye Birdie*, et *La Mélodie du bonheur* ; passe du temps à Broadway pour suivre des cours de chant et de théâtre et passer des castings quand elle n'est pas à l'école. Petit à petit, se diriger vers la musique country lui semble une évidence.

C'était instinctif : elle ne jurait que par ce genre musical, l'écoutait sans cesse et s'y identifiait profondément. La musique country était pour elle plus qu'un style musical, c'était une identité, une voix intérieure qu'elle devait absolument explorer. Comme vous le savez peut-être déjà ou comme vous allez le comprendre, durant son enfance, Taylor Swift a fait preuve d'une détermination sans faille qui lui a permis d'atteindre de grands objectifs à un très jeune âge.

Comprenant vite qu'elle veut en faire son métier, elle s'y consacre pleinement : elle chante lors de festivals locaux, foires, cafés et concours de karaoké, cherchant toujours à se faire connaître. Elle déclare qu'elle continuera jusqu'à gagner un concours et décrocher une première partie.

Devinez quoi ? Elle l'a finalement fait en ouvrant un concert de Charlie Daniels à Strausstown, en Pennsylvanie.

La passion de Taylor pour la musique se développe très rapidement, et devient une force motrice qui va définir sa jeunesse. Ses nombreux passages à Nashville furent le moteur de sa carrière naissante, et incarnèrent des moments décisifs de sa vie. Car quand on veut réussir dans la country, on ne peut pas ignorer Nashville. La musique country de Nashville, c'est l'équivalent d'Hollywood pour le cinéma !

La jeune Taylor faisait de nombreux allers-retours avec ses parents entre leur ville et Nashville, et tentait sa chance auprès des labels. Scott et Andrea Swift ont été ses plus grands supporters, et les premiers à prendre ses ambitions au sérieux et à croire en elle. À seulement 11 ans, elle possédait un petit CD contenant quatre reprises et se présentait avec une détermination impressionnante devant les labels, malgré les nombreux refus qu'elle essuyait. Inspirée par l'histoire de Faith Hill, l'une de ses chanteuses préférées, spécialiste de country qu'elle avait découverte au *Bluebird Café*, Taylor suppliait ses parents de déménager définitivement à Nashville. Quelques années plus tard, c'est ce qu'ils ont fait…

Taylor Swift a toujours eu conscience du sacrifice qu'ont fait ses parents pour elle, et en est encore reconnaissante aujourd'hui. Avec tous ces allers-retours à Nashville, Taylor a compris que là-bas, tout le monde avait les **mêmes rêves** qu'elle. Elle devait donc se démarquer, trouver sa touche personnelle. Armée de sa guitare, de son stylo et de son carnet, elle s'est lancée dans l'écriture et la composition avec une volonté de fer.

Elle continuait évidemment de se produire partout où elle le pouvait, toujours avec une stratégie en tête: toucher une plus large audience pour se faire connaître. Cette décision judicieuse l'amena à chanter l'hymne national américain et à se produire devant 20 000 personnes à l'US Tennis Open à seulement 12 ans. Ce moment fut non seulement un accomplissement incroyable pour une si jeune artiste, mais aussi un signe prémonitoire de la carrière spectaculaire qui l'attendait.

En 2003, Taylor et ses parents s'associeront avec un **premier manager** Dan Dymtrow qui lui permettra de rencontrer plusieurs labels.

LE SAVIEZ-VOUS ?

- L'une des particularités de Taylor Swift, qui participe à son succès, est son talent pour l'écriture. « La poésie fut la première chose qui me fascina dans l'écriture », dit-elle. Dès l'âge de 10 ans, Taylor montrait déjà des signes de son **futur génie littéraire** en remportant un concours de poésie avec *Un monstre dans mon placard*. Ce n'était que le début d'un voyage où les mots deviendraient ses plus fidèles alliés.

- À seulement 14 ans, Taylor Swift a écrit une nouvelle de 350 pages intitulée *A Girl Named Girl*. Taylor le dit elle-même: "*I've always been a writer first**". Cette nouvelle, qui raconte l'histoire d'une maman qui aurait voulu un fils au lieu d'une fille, intrigue énormément de fans. Même si elle n'a jamais été publiée, beaucoup sont **curieux de découvrir** ce que la jeune Taylor avait écrit. Ce texte, bien que méconnu, témoigne de son talent précoce et de sa capacité à capturer des émotions complexes à travers ses mots.

- Un jour, lorsque l'ordinateur familial est tombé en panne, ses parents ont fait venir un informaticien. En apercevant la guitare de Taylor, ce dernier lui a demandé si elle savait en jouer. Lorsqu'elle a répondu par la négative, il lui a appris quelques accords. Ce fut un moment décisif pour la jeune Taylor. Grâce à ces quelques accords, elle a composé sa première chanson, "*Lucky You*", à seulement 12 ans.

* J'ai d'abord été une écrivaine.

Parlons des premières chansons publiées par Taylor :

Après avoir été repérée par le producteur Dan Dymtrow, Taylor a eu l'opportunité d'enregistrer ses deux premières chansons, qui étaient disponibles sur son site internet : *"Am I Ready for Love"* écrite par Celia Barman Gray, et *"Can I Go with You"*, coécrite avec Greg McElrath. Ces chansons, bien qu'introuvables sur les plateformes de streaming, sont des joyaux cachés de sa discographie. Si vous cherchez bien, vous pouvez encore les trouver quelque part sur un site qui a su jalousement préserver un morceau de l'histoire musicale de Taylor.

- **De nombreux CD de démo :** Taylor a enregistré une quantité impressionnante de CD contenant des démos de chansons qui n'ont jamais été mises sur les plateformes de streaming. Il existe plus d'une dizaine de ces CD, dont certains renferment jusqu'à 15 chansons inédites. Au total, cela représente une cinquantaine de chansons sur tous ces disques. La plupart de ces enregistrements ont été réalisés en 2003-2004. Certains morceaux, comme *"I'm Only Me When I'm With You," "The Outside," et "A Place in This World,"* ont finalement trouvé leur place sur son tout premier album. Les personnes en possession de ces CD aujourd'hui sont principalement les premiers producteurs de Taylor. Scott Swift, son père, leur a strictement interdit de les vendre, de les donner ou de publier leur contenu. Ces enregistrements restent donc des trésors cachés, réservés à quelques privilégiés et témoins des débuts de Taylor Swift.

L'ARRIVÉE TANT ATTENDUE À NASHVILLE : BIENVENUE DANS LE PARADIS DE LA COUNTRY !

À l'âge de 14 ans, Taylor et sa famille font le grand saut et déménagent dans la capitale de la musique country. C'est un moment décisif dans sa vie, car cette nouvelle étape va ouvrir des portes qui lui permettront de nombreuses opportunités pour lancer sa carrière. Taylor se rappelle souvent cette période comme d'un saut dans l'inconnu, comme une aventure pleine de promesses. Malgré les incertitudes, le soutien indéfectible de sa famille lui donne la force de croire en ses rêves.

Dès lors, rien ne peut arrêter Taylor. Encadrée par RCA Records, elle bénéficie d'un développement artistique de qualité, et participe à des séances d'écriture avec des auteurs expérimentés. C'est ainsi qu'elle rencontre Liz Rose, une chanteuse country avec qui elle développe une grande complicité musicale. Pendant que d'autres adolescents prenaient leur goûter ou regardaient la télé après l'école, Taylor passait ses mardis à écrire des chansons avec Liz. Bien que Taylor Swift soit connue pour son talent d'écriture, de nombreux co-auteurs contribuent à ses succès. Son partenariat avec Liz Rose a donné naissance à 17 chansons à succès réparties sur trois albums : Taylor Swift, Fearless et Red.

À 15 ans, elle quitte RCA Records parce que la maison de disques prévoyait de retarder la sortie de son album jusqu'à sa majorité (21 ans). Pour Taylor Swift, l'attente n'était pas une option. Elle avait trop de choses à exprimer et voulait partager cette période de sa vie avec le monde à travers sa musique. Son départ précoce s'est avéré être une décision judicieuse, car à 21 ans elle avait déjà sorti trois albums et était en train de travailler sur le quatrième, tout en se lançant dans sa première tournée mondiale.

En 2005, alors qu'elle se produit au Bluebird Café, Taylor attire l'attention de Scott Borchetta, un producteur exécutif sur le point de lancer son propre label : Big Machine Records. Cette rencontre fortuite marque un tournant dans la carrière de Taylor. Scott devient son mentor et la guide vers de nouveaux horizons musicaux, bien au-delà de ce qu'elle avait imaginé. Grâce à cette collaboration, Taylor devient l'une des premières artistes à rejoindre le label, et entame son parcours musical exceptionnel.

TAYLOR SWIFT SON PREMIER ALBUM

Taylor Swift se lance dans la création de son premier album éponyme à l'âge de 15 ans. Ce dernier sort exactement le 24 octobre 2006. Ce début de carrière est marqué par plusieurs éléments qui le rendent unique et hors du commun. Tout d'abord, Taylor Swift explore une nouvelle niche musicale: la musique country pour adolescents. Trois caractéristiques rendent cet album hors-normes :

- À cette époque, ce public n'était pas du tout la cible habituelle de ce genre musical.
- Une prise de risque. Scott Borchetta, le producteur qui a pris le risque de signer une artiste country aussi jeune, a été vivement critiqué pour sa décision.
- Son authenticité. Taylor le décrit comme son journal intime, où elle dévoile une partie de sa jeunesse avec une honnêteté désarmante.

L'album aborde une multitude de thèmes auxquels n'importe quel adolescent peut s'identifier: l'amour, l'amitié, la confiance en soi, la quête de son identité. La plupart des chansons trouvent leur source dans les expériences de Taylor au lycée, ce qui leur confère **une authenticité et une résonance particulière**. Pour cet album, Taylor écrit seule deux des cinq singles, *"Our Song" et "Should've Said No"*, et collabore avec des auteurs de renom tels que Liz Rose, Robert Ellis Orrall et Angelo Petraglia pour le reste de l'album.

L'HISTOIRE DE SES PREMIERS SINGLES :

Taylor a écrit tellement de chansons qu'elle doit faire un tri minutieux quand Big Machine Records lui propose de sortir son premier album. Pour débuter, ils choisissent cinq singles : "Teardrops on My Guitar", "Our Song", "Tim McGraw", "Should've Said No" et "Picture to Burn".

« OUR SONG »

L'histoire derrière la chanson *"Our Song"* est simple mais charmante : Taylor l'écrit pour un concours de talents organisé lors de sa première année au lycée, équivalent de la troisième en France. Elle se dit qu'une chanson pour ce concours devrait être amusante et adaptée à un public de lycéens comme elle : « Je l'ai écrite à propos de ce garçon avec qui je sortais, et comme nous n'avions pas de chanson, j'ai décidé d'en écrire une à nous ». Elle n'a mis que vingt minutes pour l'écrire !

Ce fut un véritable succès qui a reçu plein de retours positifs. Elle a donc insisté pour l'inclure dans son album. Dans l'édition standard de l'album, *"Our Song"* est la dernière chanson, une manière subtile pour Taylor de suggérer au public de réécouter l'album car la chanson finit sur cette phrase : "*Play it again**".

* « Rejoue la musique »

« TIM MCGRAW »

Cette chanson est le tout premier single de Taylor Swift et elle l'a écrit... en cours de mathématiques ! Elle chantonnait toute la journée "*When you think Tim McGraw*" et dès la fin des cours, elle a enregistré une note vocale. Après les cours, elle est allée voir Liz Rose et elles ont terminé la chanson au piano en seulement 15 minutes...

Vous souvenez-vous du garçon pour qui elle a écrit *"Our Song"* ?

Celui-ci est encore au cœur de cette chanson ! Le (supposé) premier petit ami de Taylor était en dernière année de lycée quand Taylor Swift était en seconde, ils devaient donc se séparer puisque ce garçon partait à l'université. Cette chanson peut ainsi s'interpréter de deux manières : elle peut être interprétée comme une romance d'été ou plus personnellement, Taylor voulait que son copain se souvienne d'elle et des choses qu'elle aimait lorsqu'ils seraient loin l'un de l'autre.

« TEARDROPS ON MY GUITAR »

Saviez-vous que Taylor cache des messages dans les livrets de ses albums ? (voir partie 3 : *Easter Eggs*) Ces messages cachés se composent souvent de lettres majuscules, cachées dans les paroles, qui forment une phrase. Pour cette chanson, le message caché est : "*he will never know*[1]".

C'est un message très ironique puisque Taylor mentionne le nom d'un garçon dès le début de la chanson. Évidemment qu'il le saura ! Ce garçon, c'est Drew : La chanson commence par "*Drew looks at me*[2]". Taylor Swift n'a en fait jamais eu de relation avec ce garçon : ils étaient amis, Drew demandait même des conseils à Taylor sur la fille avec qui il sortait. Taylor avait en fait un crush sur lui non réciproque…

Comme tous les artistes, Taylor devait faire la promotion de son album, mais vous vous doutez bien que ce n'était pas aussi facile qu'aujourd'hui ! Pour commencer, c'est avec l'aide de sa mère que Taylor envoyait des maquettes de ses singles aux radios. Elle a passé la moitié de l'année 2006 à faire une tournée des radios, des tournées qui durent environ un mois et demi en général. Elle a aussi assuré la première partie de nombreux artistes country. En 2007, elle a assuré la première partie des vingt dates de la tournée de George Strait, ainsi que quelques dates pour la tournée de Faith Hill et de son époux Tim McGraw (ses idoles !!!). Pour rappel, elle n'avait que 17 ans à l'époque.

Lors de ces différentes dates, elle a rencontré plusieurs de ses fans après les concerts, parfois pendant plusieurs heures. Elle interagissait aussi beaucoup avec eux sur MySpace, et commençait ainsi à se créer une communauté solide.

[1] « Il ne saura jamais »

[2] « Drew me regarde »

Taylor Swift, Tim McGraw et Faith Hill (2010)

DÉCOUVREZ BEAUTIFUL EYES UN EP QUE PEU DE FANS CONNAISSENT.

Et si je vous disais que Taylor a sorti un EP (*extended play*) entre son premier et son deuxième album ?

Intitulé *Beautiful Eyes*, il a été lancé le 15 juillet 2008 exclusivement pour les magasins Walmart aux États-Unis. Comme ses premiers CD, cet EP est devenu une rareté. Il comporte deux titres inédits : "*I Heart ?*" et "*Beautiful Eyes*", en plus de chansons de son premier album. Ces morceaux, introuvables en streaming, pourraient potentiellement figurer parmi les « *vault tracks* » de Taylor Swift *(Taylor's Version)*, suscitant l'espoir des fans… L'avenir nous le dira ! En attendant, les curieux peuvent découvrir ces deux chansons sur YouTube. De plus, l'EP contient un DVD avec les clips de ses singles.

AFFIRMATION D'UNE NOUVELLE ICÔNE DE LA MUSIQUE COUNTRY

FEARLESS, L'ALBUM DES PREMIÈRES ÉMOTIONS

Taylor sort son deuxième album **Fearless** le 11 novembre 2008. "*Fearless*" se traduit littéralement par « sans peur », mais ce n'est pas exactement ce message que Taylor souhaitait transmettre. Pour elle, ce titre souligne la détermination à se battre encore et encore, malgré les échecs. *Fearless* ne signifie pas qu'on n'a aucune peur, cela signifie qu'**on les surpasse envers** et contre tout.

Après un lancement prometteur, **Fearless** introduit un tournant majeur dans la carrière de la chanteuse. C'est une période où Taylor est obsédée par la complexité des émotions qui guident sa vie de jeune adulte. Comme pour son premier album, elle a écrit ou coécrit les treize titres de **Fearless**. Son objectif était de **rassembler musicalement** toutes les expériences vécues entre 16 et 18 ans, qu'elle-même a traversées.

Fearless capture ces sentiments nouveaux que l'on ressent, nos premières blessures, nos premières amours, le tout enveloppé dans une naïveté et une innocence très touchante. Huit des treize chansons ont été écrites par Taylor, dont deux singles : "*Fifteen*" et "*Love Story*", l'un de ses plus grands succès.

Taylor Swift aux MTV Music Awards (2008)

"LOVE STORY"

Tout le monde connaît "*Love Story*", mais voulez-vous en savoir plus sur cette chanson ?

Taylor fréquentait à cette époque avec un garçon qui n'était pas au goût de tout le monde, en particulier de ses parents et de ses amis, qui désapprouvaient fortement leur relation. Lors d'une dispute à ce sujet avec ses parents, Taylor s'est réfugiée dans sa chambre et a écrit d'une traite "*Love Story*". Elle a commencé à composer la chanson avec cette phrase : "*This love is difficult but it's real**", que l'on retrouve dans le pont. Faisant référence durant toute la chanson à la relation passionnelle et interdite de Roméo et Juliette, cette ballade se clôt sur un *happy ending*, imaginant un véritable conte de fées : l'amour dépasse toute interdiction et tout jugement extérieur. Vingt minutes plus tard, la chanson était terminée.

* «Cet amour est compliqué mais il est réel»

Fearless a marqué un tournant décisif dans la carrière de Taylor Swift. La chanteuse, qui croyait que ses chansons étaient trop personnelles, a réussi à toucher des milliers de personnes, et permis à beaucoup de s'identifier à ses textes. Taylor Swift a utilisé des stratégies innovantes pour l'époque, qui l'ont rapidement propulsée au rang de star. Elle utilisait notamment ses réseaux sociaux pour faire gagner des places de concerts et partager des avant-premières de ses chansons. À cette époque, Taylor avait toujours un pied dans sa vie d'adolescente, car elle habitait encore chez ses parents et côtoyait ses amis du lycée. Cependant, elle vivait aussi une seconde vie, celle d'une célébrité, assistait à des cérémonies d'Awards, fréquentait Joe Jonas puis, plus tard, Taylor Lautner, et se trouvait par cette situation en décalage complet avec les jeunes de son âge.

Les événements de Fearless !

Taylor et Abigail, une longue histoire d'amitié

Malgré le tourbillon médiatique dans lequel elle s'est retrouvée emportée, Taylor a gardé des liens très forts avec sa meilleure amie, Abigail Anderson. On parle souvent de **Selena Gomez** comme la meilleure amie de Taylor Swift (c'est une autre histoire, on y reviendra !), mais Abigail et Taylor se connaissent depuis qu'elles ont 15 ans.

Le deuxième single de **Fearless**, "*Fifteen*", fait référence à l'amitié entre Taylor et Abigail :

Les jeunes filles se sont rencontrées le premier jour de leur « *freshman year* » (l'équivalent de la classe de troisième en France) au lycée Hendersonville. Assises côte à côte en cours d'anglais, elles ne se sont plus quittées depuis. La première fois que Taylor mentionne Abigail dans une chanson, c'est dans "*Fifteen*" :

"You sit in class next to a redhead named Abigail and soon enough you're best friends".*

Abigail apparaît également dans le clip de la chanson, où elle joue son propre rôle. Dans "*Fifteen*", Taylor évoque une déception amoureuse vécue par sa meilleure amie. Plus tard, Abigail fera aussi des apparitions dans les clips de "*Picture to Burn*", "*I'm Only Me When I'm With You*", et "*New Romantics*", et interviendra dans le documentaire *Miss Americana*.

Abigail a toujours montré un soutien indéfectible à Taylor. Elle a d'ailleurs assisté au *Eras Tour* à Nashville, pendant lequel Taylor a évidemment choisi de chanter "*Fifteen*" en chanson surprise. Abigail explique souvent qu'elle et Taylor ont partagé **des moments clés** de leur vie, passer ensemble de l'adolescence à l'âge adulte ensemble a renforcé leur amitié. Après la sortie de **Fearless**, Taylor est partie en tournée et a perdu contact avec beaucoup d'amis, mais elle a toujours été profondément touchée d'avoir gardé ce lien fort avec Abigail.

* «Tu t'assieds en classe à côté d'une rousse nommée Abigail et vous devenez rapidement les meilleures amies du monde.»

CÉRÉMONIE DE 2009 : LE DÉBUT D'UNE LONGUE HISTOIRE

Nous sommes le 13 septembre 2009, aux MTV Video Music Awards, lorsque la jeune Taylor Swift, alors âgée de 19 ans, monte sur scène pour recevoir une récompense. Elle obtient le titre du meilleur clip féminin pour sa chanson "*You Belong with Me*", un honneur d'autant plus significatif qu'elle est mise en compétition avec **des artistes de renom** telles que Lady Gaga, Katy Perry, Pink et Beyoncé. Un point qui va poser problème à Kanye West, présent lors de cette cérémonie. Alors que Taylor Swift, émue, commence son discours, Kanye West monte sur scène, lui prend le micro des mains et prononce ces mots qui resteront gravés dans la mémoire de nombreux fans : "*Taylor, I'm really happy for you, I'ma let you finish, but Beyoncé had one of the best videos of all time!*"*. Les caméras capturent la scène, Taylor est apeurée, la foule commence à huer et elle est aperçue ensuite dans les coulisses en train de pleurer.

Dans son documentaire *Miss Americana* sorti en 2020, Taylor explique qu'à ce moment-là, elle s'est sentie très confuse. Ella avait basé toute sa validation et son mérite sur l'approbation du public, elle ne savait pas si les huées lui étaient destinées ou s'adressaient à Kanye.

On pourrait croire que c'est à partir de cet incident que les histoires conflictuelles entre Kanye West et Taylor Swift ont commencé… Pourtant, à l'époque, Kanye West fut largement critiqué sur Twitter pour ses mots et même Barack Obama l'avait traité d'idiot. Kanye s'était donc excusé, expliquant qu'il avait seulement **cédé à la pression** de ses managers. Plusieurs années après, il revient sur ses paroles et déclare n'avoir aucun regret de ce geste. Même si cet événement a fortement marqué la carrière de Taylor, ce n'est pas le seul événement qui a bouleversé cette ère de **Fearless** !

* «Taylor, je suis vraiment heureux pour toi, je te laisse finir, mais Beyoncé a réalisé l'une des meilleures vidéos de tous les temps.»

Taylor Swift au HSBC Arena à Rio de Janeiro (2009)

CE QUI A MARQUÉ L'*ERA* DE *FEARLESS* : LA VIE AMOUREUSE !

On le sait, Taylor Swift a vu sa vie amoureuse critiquée par les médias tout au long de sa carrière. La première fois qu'une de ses relations a été médiatisée, ce fut celle avec Joe Jonas. En 2008, tous deux âgés de 18 ans, ils sont sortis ensemble pendant quelques mois. Cela a nourri la plume de Taylor Swift :

"*Forever and Always*" aborde le moment où l'autre personne cesse de s'impliquer dans une relation, et on se remet en question, où on se demande ce qu'on a fait de mal. Taylor Swift a toujours utilisé un ton sarcastique pour évoquer sa relation avec Joe Jonas, le titre "*Forever and Always*" est volontairement ironique

"*Mr. Perfectly Fine*" est sortie plus tard, en 2021, à l'occasion de la réédition Fearless (*Taylor's Version*).

Dans les deux chansons, Taylor montre que Joe a fait preuve de *love bombing*: il l'a inondée de promesses et de belles paroles pour finalement la quitter lâchement. Dans "*Mr. Perfectly Fine*", Taylor écrit : "*Mr. 'Looked me in the eye and told me you would never go away*"[1], et dans "*Forever and Always*", elle chante: "*And you flashback to when he said, 'Forever and always*"[2].

La manière dont Joe a quitté Taylor Swift a fait du bruit. Vous voyez de quoi je parle?

Sur le plateau d'Ellen DeGeneres en 2009, Taylor déclare: "*When I find that person that is right for me, he'll be wonderful and when I look at that person, I'm not even gonna be able to remember the boy who broke up with me over the phone in 25 seconds when I was 18.*"[3]

[1] Tu m'as regardé dans les yeux et tu m'as dit que tu ne partirais jamais.

[2] Et vous vous remémorez le moment où il a dit : «Pour toujours et à jamais»

[3] Quand je trouverai la personne qui me convient, elle sera merveilleuse et quand je la regarderai, je ne pourrai même pas me souvenir du garçon qui a rompu avec moi par téléphone en 25 secondes quand j'avais 18 ans.

À l'époque, il l'avait quittée par téléphone en moins d'une minute… Cela faisait longtemps qu'on n'avait pas vu une Taylor aussi piquante à la télé!

Je ne peux pas parler des apparitions télévisées de Taylor à cette époque sans faire référence au **monologue de Taylor** Swift au Saturday Night Live (SNL). De nombreux artistes font des passages au SNL, une émission hebdomadaire qui propose des sketchs en rapport avec la politique et la culture américaine. Des **invités de marque** y sont accueillis, comme des stars de la pop. On peut mentionner récemment Renée Rapp, Raye, Sydney Sweeney, Sabrina Carpenter…

En 2009, Taylor est accueillie au SNL et improvise un passage devenu une référence assez drôle dans la fanbase:

"I like writing songs about douche-bags who cheat on me, But I'm not gonna say that in my monologue, I like writing their names into songs, So that they're ashamed to go in public, But I'm not gonna say that in my monologue. This is my musical monologue, You might think I'd bring up Joe, That guy who broke up with me on the phone, But I'm not gonna mention him in my monologue, "Hey, Joe, I'm doing real well", "Tonight, I'm hosting SNL", But I'm not gonna brag about that in my monologue." [1]

Il y a quand même du bon dans la relation entre Joe Jonas et Taylor Swift car elle permet à cette dernière de rencontrer en 2008, lors d'un double rendez-vous, l'une de ses meilleures amies: Selena Gomez. Pendant que Taylor sortait avec Joe, Selena fréquentait son frère, Nick Jonas. Selena dira plus tard: *"It was the best thing we got out of those relationships."*[2]

Depuis, les deux chanteuses ne se sont plus quittées. Taylor a fait écouter **Fearless** en **avant-première** à Selena. Elles ont assisté à de nombreuses cérémonies ensemble, et Selena a même fait des apparitions lors des tournées de Taylor. Elle était présente lors du *Speak Now World Tour*, du **1989** *World Tour* et du *Reputation Stadium Tour*. Elles se sont toujours soutenues, et lors des cérémonies, on peut souvent voir Selena très émue lorsque Taylor remporte des récompenses. Leur relation ressemble vraiment à celle de **deux sœurs**.

En 2020, Taylor a déclaré: *"I knew from when I met her I would always have her back. In my life, I have the ability to forgive people who have hurt me. But I don't know if I can forgive someone who hurts her."*[3]

[1] «J'aime écrire des chansons sur les connards qui me trompent, mais je ne le dirai pas dans mon monologue. J'aime écrire leurs noms dans les chansons, pour qu'ils aient honte de se montrer en public, mais je ne le dirai pas dans mon monologue. C'est mon monologue musical, Vous pourriez penser que je parle de Joe, ce gars qui a rompu avec moi au téléphone, mais je ne mentionnerai pas son nom dans mon monologue, «Hé, Joe, je me débrouille bien», «Ce soir, je suis invitée au SNL», mais je ne vais pas m'en vanter dans mon monologue.»

[2] «Ce fut la meilleure chose que nous avons tirée de nos relations.»

[3] Dès que je l'ai rencontrée, j'ai su que je la soutiendrais toujours. Dans ma vie, j'ai la capacité de pardonner aux personnes qui m'ont fait du mal. Mais je ne sais pas si je peux pardonner à quelqu'un qui lui fait du mal.

Grandir ensemble dans la même industrie musicale a renforcé leurs liens. Elles connaissent très bien l'environnement qui les entoure et ont choisi de devenir des alliées, grandissant ensemble sous le feu des projecteurs.

L'Era de Fearless s'est déroulée avec le meilleur et le pire. Taylor n'avait jamais atteint de tels sommets avant cet album, comme elle n'avait jamais autant douté. Elle a écrit de grands titres comme "*Love Story*" ou "*You belong with me*" qui font toujours partie des grands classiques de sa discographie. Si culturellement en Europe et surtout en France, la musique country n'est pas du tout populaire et que de nombreux fans n'accrochent donc pas à Fearless, j'espère qu'en savoir plus sur cette Era vous aura un peu replongé dans la nostalgie de votre adolescence. À l'époque, les critiques étaient très contrastées sur Taylor. Beaucoup pensaient qu'elle était trop jeune pour l'industrie musicale et qu'elle n'y avait pas sa place. D'autres ont su percevoir son potentiel, comme la chanteuse Stevie Nicks qui déclare en 2010 : « L'artiste féminine de rock'n'roll-country-pop est revenue et elle s'appelle Taylor Swift. Ce sont des femmes comme elle qui vont sauver l'industrie musicale. »

Pour Taylor Swift, le chiffre 13 est bien plus qu'un simple nombre : c'est un symbole chargé de significations personnelles et de superstitions positives. Depuis le début de sa carrière, Taylor a toujours fait du chiffre 13 un élément central de son identité, et ce chiffre continue d'occuper une place importante dans sa vie et dans celle de ses fans.

Elle déclare dans une interview « Je suis née un 13, j'ai eu 13 ans un vendredi 13, mon premier album est devenu disque d'or en 13 semaines. Ma première chanson numéro 1 a une intro de 13 secondes, et je ne l'ai même pas fait exprès ! Et à chaque fois que j'ai gagné un prix lors d'une cérémonie de remise de prix, j'étais assise dans la 13e rangée, ou dans la rangée M, qui est la 13e lettre. »

Au fil des ans, le chiffre 13 est devenu un porte-bonheur pour Taylor Swift. Avant chaque concert des ses deux premières tournée (*Fearless Tour, Speak Now world Tour*) , elle écrivait le chiffre 13 sur sa main. Elle a même intégré ce chiffre à ses tournées et ses albums, comme une manière subtile de partager son histoire et pour s'en servir comme *Easter egg* (voir partie 3) ! C'est devenu une référence pour beaucoup de fans qui lors des concerts se dessinent eux-mêmes le chiffre 13 sur la main.

LA SORTIE DE SPEAK NOW, UN PASSAGE À L'ÂGE ADULTE COMPLIQUÉ :

Savez-vous que Speak Now ne devait pas porter ce nom ? Taylor n'avait pas choisi ce titre pour l'album à l'origine. Voici pourquoi : Speak Now s'inscrit logiquement dans la lignée de Fearless, Taylor va donc aborder des thèmes **plus matures**, on sent qu'elle a perdu son innocence en raison en partie de sa carrière précoce, son ambition ne faiblit pas pour autant. Speak Now est un album immersif qui plonge dans un univers vraiment différent de l'innocence de Fearless. Taylor voulait appeler cet album *Enchanted* mais Scott Borchetta lui conseille de choisir un titre plus adapté aux thèmes matures abordés dans l'album. Finalement le titre *Speak Now* évoque assez bien le message que souhaitait faire passer Taylor. Pour elle cet album est une **collection de confessions** des choses dont elle aurait voulu parler à un moment de sa vie.

Avec tout le succès précédent de *Fearless*, la pression que Taylor avait devrait être forte. Que faire après un tel succès ? L'influence country demeure évidente dans Speak Now même si on sent que Taylor entame petit à petit un virage vers la pop. Ce mélange de sonorités donne à Speak Now une identité unique et rarement vue auparavant. Pour la création de cet album, Taylor va encore plus s'impliquer dans la production et le *storytelling*, jusqu'à en écrire toutes les chansons. Peu d'artistes écrivent ou co-écrivent leur propre musique, la majorité des artistes sont seulement des interprètes, c'est pour ça qu'on insiste tant sur le fait qu'à un si jeune âge elle écrive tous ses textes elle-même, cela fait partie de son identité en tant qu'artiste. Son processus d'écriture est justement assez intéressant puisque Taylor Swift a souvent besoin d'une simple étincelle pour écrire une chanson.

Prenons l'exemple de "*Mine*" la première chanson de Speak Now, qui aborde le fait d'aimer sans peur. Taylor avait un crush sur un garçon et quand celui-ci l'a enlacée, l'imagination de Taylor a fait le reste, elle a vu défiler toute la relation qu'elle pourrait avoir avec lui. De là, est née toute une chanson. Taylor Swift s'est retrouvée dans **de nombreuses polémiques** parce qu'elle écrivait des chansons pour un tel ou un tel. Cependant, une chanson peut s'inspirer de faits réels comme être partiellement fictive, être nourrie de peu d'éléments puis développée avec une histoire fantastique. C'est là qu'on voit que Taylor est très douée.

L'HISTOIRE DERRIÈRE LES CHANSONS SPEAK NOW EDITION

"SPARKS FLY"

"*Sparks Fly*" est une chanson qui n'a pas été écrite pour Speak Now! La chanson date en réalité de 2007 et Taylor la jouait dans des petits concerts. Elle est vite devenue une *fan favorite* et les fans ont demandé à Taylor de l'inclure dans un de ses albums un jour.

"BACK TO DECEMBER"

Comment évoquer l'amour dans Speak Now si on ne parle pas de "*Back to December*"? C'est une des premières chansons où Taylor déclare avoir fauté elle-même dans une relation et où elle exprime ses regrets. Cette fois elle s'est inspirée de son histoire avec Taylor Lautner. Ils se sont tous les deux rencontrés sur le tournage du film *Valentine's day* (oui oui, Taylor a déjà été actrice) en 2009. Dans la chanson, quelques paroles font justement référence à un événement de l'année 2009:

"And how you held me in your arms that September night,
The first time you ever saw me cry"*

Ici Taylor fait référence à la soirée des VMA de 2009... Taylor Lautner a d'ailleurs confié avoir regretté de ne pas avoir été plus attentif durant cette interruption de Kanye West. Aujourd'hui, les deux sont en très bons termes et Lautner a même fait une apparition dans le clip "*I can see you*" sorti en juillet 2023.

* Et la façon dont tu m'as tenue dans tes bras cette nuit de septembre, la première fois que tu m'as vue pleurer

"DEAR JOHN"

Une autre relation qui a marqué cet album c'est la relation de Taylor Swift avec John Mayer... Taylor et lui sont sortis ensemble quand elle avait 19 ans et lui 32. C'est une chanson très poignante qui souligne la façon dont Taylor a souffert de cet écart d'âge important qui l'a entraînée dans une relation malsaine. Voici quelques paroles poignantes :

- *"And I lived in your chess game, But you changed the rules every day"* [1]
- *"Or maybe it's you and your sick need, To give love then take it away"* [2]
- *"Don't you think nineteen's too young, To be played by your dark, twisted games when I loved you so?"* [3]

Cette chanson démontre le recul et la maturité dont Taylor Swift a fait preuve pour analyser ce que cette relation a pu provoquer en elle à un si jeune âge.

[1] « J'ai vécu dans ton jeu d'échecs, mais tu en as changé les règles tous les jours »

[2] « Ou peut-être que c'est toi et ton besoin maladif de donner de l'amour puis de le retirer ? »

[3] « Ne penses-tu pas que dix-neuf ans c'est trop jeune, Pour être manipulée par tes jeux sombres et tordus alors que je t'aimais tant ? »

"MEAN"

Taylor sait répondre aux critiques et elle le fait très bien dans "*Mean*". Elle a écrit cette chanson parce qu'après une performance aux Grammys, un journaliste a dit qu'elle ne savait pas chanter. Cette chanson exprime donc la manière dont elle a reçu la critique et comment elle a vécu avec.

On peut dire que Taylor ne manque pas de cran puisque l'année d'après aux Grammys 2012 elle va chanter "*Mean*" et changer une phrase. On passe de "*Someday i'll be living in a big old city*"[4] par "*Someday I'll be singing this at the Grammys*"[5]

[4] « Un jour, je vivrai dans une grande et vieille ville »

[5] « Un jour, je chanterai ça aux Grammys »

"BETTER THAN REVENGE"

C'est avec "*Better than revenge*" qu'on comprend qu'il ne faut pas se frotter à la Taylor de l'époque. Reparlons de Joe Jonas... Il l'a quittée pour une autre fille avec qui il va entretenir une longue relation. Il y a un petit truc qui ne va pas plaire à Taylor que Joe va dire dans sa chanson *Much Better* :

"*Everything I ever need is the girl in front of me, she's much better*"[1]

Publiquement, il compare sa nouvelle copine à Taylor Swift en insistant sur un jugement de valeur, sur le fait qu'elle est bien "mieux". Taylor y répond dans "*Better than Revenge*", chantant "*C'mon show me how much better you are, See you deserve some applause, 'Cause you're so much better*"[2]

Si on décortique davantage la chanson de Joe Jonas, on retient aussi ces paroles-là: "*Now I'm done with country stars, and all the tears on her guitar*" qui sont des références directes à Taylor Swift, la « Star de country » et à la chanson « *Teardrops on my guitar* ».

Aujourd'hui, les deux ont réussi à dépasser leurs querelles et s'entendent très bien. Quelques polémiques ont couru autour de cette chanson: Beaucoup ont critiqué Taylor de descendre cette fille alors qu'elle n'avait finalement rien fait. Dans l'album Taylor's Version de **Speak Now**, la chanteuse a donc remplacé la phrase "*She's better known for the things that she does, On the mattress*" par "*He was a moth to the flame, She was holding the matches*"[3] bien plus respectueux envers cette jeune femme.

[1] «Tout ce dont j'ai besoin, c'est la fille en face de moi, elle est bien meilleure.»

[2] «Viens, montre à quel point tu es meilleure. Tu mérites des applaudissements, parce que tu es tellement meilleure.»

[3] «Elle est plus connue pour les choses qu'elle fait, Sur le matelas» est devenue «Il était un papillon de nuit à la flamme, Elle tenait les allumettes»

"INNOCENT"

Taylor Swift s'attaque cette fois à **Kanye West** avec la chanson "*Innocent*". Taylor Swift revient sur la soirée des Video Music Awards de 2009 qui a été un événement assez compliqué à digérer pour elle. Par conséquent, elle a mis beaucoup de temps à écrire cette musique. Finalement le message qu'on découvre montre sa prise de recul: "*Who you are is not where you've been, You're still an innocent*" "*It's okay, life is a tough crowd, 32 and still growin' up now*"* Taylor Swift était fan de **Kanye West**, elle a grandi en écoutant ses chansons. À l'époque, voir un de ses artistes préférés ne pas valider son travail devant autant de monde a été un choc pour elle. Elle n'a pourtant montré aucune rancœur ou amertume par rapport à la situation.

* «Ce que tu es n'est pas ce que tu as été, tu es toujours un innocent» «C'est bon, la vie est une foule difficile, 32 ans et toujours en train de grandir maintenant»

"LONG LIVE"

L'amour est un des thèmes de prédilection de Taylor Swift, dans "*Long Live*" elle parle d'un amour bien particulier, celui qu'elle entretient avec ses fans. Elle étend le message au groupe qui l'accompagne sur ses tournées pour **Fearless** et **Speak Now**.

L'image qui illustre d'ailleurs le disque de **Speak Now** représente plusieurs mains tatouées de lettres, une fois réunies elles forment le nom de l'album. Taylor Swift et son groupe mettaient leurs mains en cercle comme ça avant chaque début de concert. Cette chanson rend hommage à son début de carrière qu'elle a construit avec son équipe et ses fans. Elle décrit ça comme sa première chanson d'amour pour toutes les personnes qui la soutiennent.

Grâce à **Speak Now**, et à la thématique globale du passage difficile de l'adolescence à l'âge adulte, Taylor Swift a prouvé son talent. Avec sa **détermination**, elle a montré que ni l'âge ni les critiques ne comptaient et elle a su se forger l'image d'une véritable artiste en écrivant elle-même l'intégralité de cet album.

De la princesse de la country à la reine de la pop

Le modèle d'une artiste qui ne cesse de se renouveler : l'évolution musicale de Taylor Swift

L'album **Red** représente une période de transformation audacieuse pour Taylor Swift, pendant laquelle elle fusionne magistralement les genres pop et country et explore de nouvelles sonorités. Le 22 octobre 2012, alors qu'elle a 22 ans, Taylor se trouve à un carrefour entre deux mondes musicaux : la country, sa sécurité, et la pop, un territoire nouveau mais plus qu'attirant.

Taylor Swift, désireuse de repousser sans cesse ses limites musicales, oriente naturellement sa musique vers des sonorités plus pop, et explore ce nouveau genre musical avec une plus grande liberté artistique. Cette phase de transition donne un album mixte : la critique principale faite à **Red** est son manque de cohérence, car l'album balance entre nostalgie de la country et innovation de la pop. Cependant, cet album complexe, s'interdisant des barrières créatives, offre une riche palette d'émotions. **Red** est souvent décrit comme un album de rupture, l'amour y est exprimé avec vulnérabilité, frustration, colère et intensité. Pour Taylor, toutes ces émotions sont rouges, d'où le titre de l'album. Pour la création de **Red**, Taylor s'entoure de producteurs renommés comme Max Martin et Shellback, ce qui lui permet d'explorer de nouvelles sonorités. Bien que cet album puisse sembler éclectique, il démontre également la diversité du talent de Taylor Swift.

Si un jour vous vivez une rupture, écoutez **Red**.
Voici mon top 10 personnel des paroles les plus déchirantes de l'album (effet cathartique garanti !) :

1. Forgetting him was like tryin' to know somebody you never met ("**Red**")

«L'oublier s'apparentait à essayer de connaître quelqu'un qu'on n'a jamais rencontré»

2. You tell me 'bout your past, thinking your future was me ("**All too well**")

«Tu me parles de ton passé, en pensant que j'étais ton avenir»

3. Hey, you called me up again? Just to break me like a promise ("**All too well**")

«Et tu m'appelles encore ? Juste pour me briser comme une promesse»

4. So casually cruel in the name of being honest ("**All too well**")

«Avec une désinvolture si cruelle sous le couvert de l'honnêteté»

5. Time won't fly, it's like I'm paralyzed by it. I'd like to be my old self again, but I'm still trying to find it ("**All too well**")

« Le temps ne veut pas s'envoler. C'est comme s'il me paralysait.
Je voudrais être à nouveau celle d'avant.
Mais j'essaie toujours de la retrouver »

6. And just like all those times before. You wear your best apology, But I was there to watch you leave ("**The last Time**")

« Comme toutes ces fois avant,
Tu portais tes meilleures excuses,
Mais j'étais là pour te voir partir»

7. We blocked the noise with the sound of, "I need you" And for the first time, I had something to lose ("**Holy ground**")

«Nous bloquions le bruit avec le son de "J'ai besoin de toi". Et pour la première fois, j'avais quelque chose à perdre.»

8. Well I guess we fell apart in the usual way, and the story's got dust on every page ("**Holy ground**")

«Mais notre histoire prit fin comme d'habitude
Et on retrouve de la poussière sur chacune de ses pages»

9. And it was always on your terms, I waited on every careless word Hoping, they might turn sweet again like it was in the beginning ("**Better Man**")

«Et c'était toujours selon tes conditions. J'ai attendu chaque mot négligent en espérant qu'ils redeviennent doux comme c'était au début.»

10. Push my love away like it was some kind of loaded gun ("**Better Man**")

«Repousse mon amour comme s'il s'agissait d'une sorte de pistolet chargé»

"RONAN"

À cette période, Taylor Swift écrit "*Ronan*", une chanson qui n'est pas incluse dans l'album mais qui est significative dans la vie de l'artiste. C'est un morceau poignant que Taylor Swift a écrit pour rendre hommage à Ronan Thompson, un petit garçon emporté à l'âge de quatre ans par un neuroblastome.

Maya Thompson, la mère de l'enfant, tenait un blog où elle partageait sa lutte quotidienne contre le cancer. Taylor Swift, touchée par l'histoire de cette famille, a suivi le blog de près. Elle a ensuite contacté Maya avec un projet en tête : écrire une chanson en hommage à Ronan.

Taylor a interprété "*Ronan*" lors d'une collecte de fonds organisée pour l'association **Stand Up To Cancer**, et a offert un hommage vibrant au petit garçon. La famille de Ronan, particulièrement Maya Thompson, a exprimé une profonde gratitude pour ce geste touchant.

"ALL TOO WELL" : L'HISTOIRE D'UNE FAN FAVORITE

Connaissez-vous l'importance des pistes numéro cinq dans les albums de Taylor Swift ? Les fans ont remarqué dès l'album **Red** à quel point les chansons placées à cette position étaient souvent les plus touchantes, une observation que Taylor a elle-même confirmée. Elle explique avoir pris l'habitude de réserver sa cinquième piste à des chansons particulièrement personnelles.

Taylor Swift au Westfield Shepherd's Bush, à Londres (2012).

"ALL TOO WELL"

Les *track fives* des précédents albums incluent **"Cold as You"** (**Taylor Swift**), **"White Horse"** (**Fearless**) et **"Dear John"** (**Speak Now**). Avec **Red**, nous découvrons "**All Too Well**". Cette chanson a été difficile à écrire pour Taylor Swift car elle reflète les douleurs d'une relation qui l'a profondément marquée. La première version durait dix minutes, et débordait de détails et d'émotions. Cependant, son label ne voyait pas comment intégrer une chanson aussi longue dans l'album, ce qui l'a amenée à condenser le texte.

Au fil des ans, la version originale de dix minutes est devenue une légende parmi les fans. Taylor Swift a donc décidé de sortir cette version dans son album réédité **Red** *(Taylor's Version)*, accompagnée d'un court métrage qu'elle a produit elle-même. Les paroles de "*All Too Well*" évoquent sa relation avec l'acteur Jake Gyllenhaal, qui date de fin 2010.

Cette chanson contient des références explicites à des moments de leur relation. Par exemple : "*But then he watched me watch the front door all night, willing you to come, And he said, 'It's supposed to be fun turning twenty-one*[1]*", fait écho à "The Moment I Knew" où elle dit : "You should've been there / Should've burst through the door / With that 'Baby, I'm right here smile*[2]". Taylor fait référence à son 21e anniversaire, où Jake était absent, un souvenir douloureux. Leur relation, marquée par un écart d'âge assez important — elle avait 20 ans et lui 29 — lui a laissé de profondes cicatrices, comme en témoigne la ligne suivante : "*I'll get older, but your lovers stay my age*"[3].

"*All Too Well*" est rapidement devenue une chanson adorée par les fans. Taylor Swift elle-même n'avait pas anticipé l'ampleur que prendrait ce morceau. À la demande des fans, elle l'a interprétée aux Grammy Awards de 2014, offrant une prestation émotive, alors que la chanson n'était pas encore officiellement sortie en tant que single. Cette performance a participé à rendre ce morceau emblématique.

[1] Mais ensuite il m'a regardée regarder la porte d'entrée toute la nuit, attendant que tu viennes
Et il a dit « c'est censé être amusant d'avoir 21 ans.

[2] Tu aurais dû être là / Tu aurais dû franchir la porte / Avec ce sourire "Baby, je suis là, souris"

[3] « Je vieillis, mais tes amantes gardent mon âge »

LE SAVIEZ-VOUS ?

Taylor Swift a participé à de grands projets pendant cette Era !

- Elle enregistre la chanson "*Highway Don't Care*" avec son idole de jeunesse Tim McGraw. Souvenez-vous : son premier single porte le nom du chanteur… La boucle est bouclée !
- Taylor Swift a composé une chanson pour la bande originale de la série de films *Hunger Games*, "*Safe and Sound*" et "*Eyes Open*" qui ont été de grands succès.
- Taylor Swift a été nominée aux Golden Globes ! Pour leur première collaboration, Taylor Swift et Jack Antonoff ont coécrit "*Sweeter than Fiction*"et la chanson a été nominée pour la catégorie *The Best Original Song*, tout comme "*Safe and Sound*" l'année précédente.
- Un caméo dans la série *New Girl* ! C'est certainement l'un des moments les plus mémorables pour les fans de la série et de la chanteuse. Son apparition est à la fois inattendue et très drôle puisque dans cet épisode, le personnage de Cece (jouée par Hannah Simone) est sur le point de se marier avec Shivrang (joué par Satya Bhabha). Cependant, le mariage ne se déroule pas comme prévu. Pendant la cérémonie, Taylor Swift fait une apparition surprise en incarnant le personnage d'Elaine, l'amour de jeunesse de Shivrang.

Cette *Era* a marqué un tournant musical décisif pour Taylor Swift. Elle a fait ses premiers pas dans l'univers de la pop, en conservant son incroyable style d'écriture. Cet album est, en fin de compte, un portrait intime des émotions de Taylor, il capture sa vulnérabilité par le biais de ses ruptures, ses remises en question, et ses moments de tristesse. **Red** prouve que Taylor Swift peut réussir dans la pop sans perdre son essence artistique, et lui permer d'élargir son audience. Il solidifie sa position en tant qu'artiste polyvalente mais authentique. Cela prépare le terrain pour ses futurs succès et démontre sa capacité à évoluer avec son temps sans jamais perdre de vue ce qui fait sa force : sa capacité à raconter des histoires avec une honnêteté poignante.

LE PASSAGE DÉFINITIF DE LA COUNTRY À LA POP

L'album 1989 représente une forme de renaissance pour Taylor Swift. Elle a récemment déménagé à New York, et elle se tient prête à ouvrir un nouveau chapitre de sa carrière musicale. Fini les ballades country mélancoliques ! Elle les abandonne pour une musique pop plus énergique. Taylor Swift s'inspire alors de son année de naissance et des influences musicales de la fin des années 1980 développées par des artistes tels que Peter Gabriel et Madonna. Cet album représente également une évolution personnelle significative. Taylor Swift a grandi et elle a la volonté d'exprimer une liberté artistique tant au niveau des paroles que musicalement, comme en témoignent les singles "*Shake It Off*" et "*Blank Space*".

Taylor Swift s'est plus que jamais impliquée dans la création de cet album, et décide d'en être la coproductrice. Parmi les figures clés qui l'entourent, Max Martin, célèbre pour ses nombreux hits, ainsi que Shellback et Jack Antonoff, désormais un ami proche de Taylor, participent à la production de l'album. Ces producteurs guident alors Taylor Swift dans l'exploration de la pop, et l'aident à se forger une nouvelle identité sonore. Bien que Taylor Swift s'aventure dans un nouvel univers, elle décide de conserver son style d'écriture distinctif, racontant des histoires personnelles qui touchent un large public.

Taylor Swift sur le podium lors du défilé de mode 2014 de Victoria's Secret

À cette époque, Taylor Swift fait un énorme pari. Une grande partie de sa *fanbase* est attachée à son style country, et son label ne voit pas l'intérêt de prendre le risque de s'aventurer dans la pop. Personne n'y croit, si ce n'est elle. Son équipe se montre très exigeante, remettant en question chacun de ses choix, du titre de l'album à la couverture, ce qui s'avère extrêmement frustrant pour elle. Finalement ce combat difficile s'est transformé en l'un de ses plus grands succès.

Pendant *l'Era* 1989, Taylor Swift s'est concentrée sur la promotion de l'album.... Et quelle promotion ! Les «*1989 Secret Sessions*» en était le sujet majeur... Taylor Swift invitait quelques fans sélectionnés au préalable dans l'une de ses maisons aux États-Unis pour écouter 1989 en avant-première tout en partageant des gâteaux. Cette initiative inédite a renforcé le lien entre Taylor Swift et ses fans, et a rendu cette *Era* encore plus mémorable.

LES HISTOIRES ENTRELACÉES DANS 1989

L'album 1989 sort finalement le 27 octobre 2014 et devient rapidement l'un des plus grands succès de Taylor Swift, considéré par beaucoup de fans comme **son meilleur album**.

Parlons un peu plus de ses morceaux qui ont marqué la carrière de Taylor Swift !

"*Blank Space*" et "*Shake It Off*", les deux premiers singles de l'album, se sont hissés en tête des classements, établissant fermement Taylor Swift en tant que pop star. Derrière ces morceaux mainstream se cache un message puissant. 1989 répond aux critiques incessantes et au *slut-shaming* dont Taylor Swift a été victime, particulièrement en ce qui concerne ses relations amoureuses, souvent exposées par les médias.

"BLANK SPACE"

Avec "Blank Space", Taylor répond aux critiques en jouant avec humour sur l'image que les médias ont projetée d'elle. Le fil rouge de la chanson est le suivant : « Et si j'étais réellement comme vous me décriviez ? » Le clip est **un chef-d'œuvre** d'autodérision. Avec des **paroles percutantes** comme "*Darling, I'm a nightmare dressed like a daydream.*"*, elle reprend la vision que les médias donnent d'elle mais la tourne au ridicule.

* «Parce que chéri je suis un cauchemar habillé comme un rêve éveillé»

"SHAKE IT OFF"

"*Shake It Off*" suit une approche similaire : elle répond aux critiques sur sa musique avec légèreté et humour. Ce morceau lui permet d'esquiver les coups en répondant avec confiance, elle adopte une attitude plus assumée que dans sa chanson "*Mean*" de l'album **Speak Now**.
Elle n'est plus la victime mais une artiste qui s'affirme.

"I KNOW PLACES"

Dans "*I Know Places*," Taylor explore l'anxiété liée à la médiatisation de ses relations. Elle compare les médias à des chasseurs et elle-même et ses partenaires à des renards traqués. Les paroles explicitent cette tension :

"They are the hunters, we are the foxes,
And we run Baby,
I know places we won't be found, and, They'll be chasing their tails
trying to track us down."*

* Ils sont les chasseurs, nous sommes les renards, et nous courons / Bébé, je sais où nous ne serons pas trouvés, et ils courront après leur queue en essayant de nous retrouver.

Ces chansons permettent à Taylor Swift de répondre directement aux critiques, de transformer les attaques en chansons mémorables et de prouver qu'elle ne se cache plus. Au contraire, elle utilise sa musique pour se défendre et affirmer son indépendance artistique.

Dans ses albums, Taylor Swift réussit souvent à lier plusieurs chansons autour d'une même histoire vécue. Cela est particulièrement vrai pour "*Out of the Woods*," "*Style*," et "*I Wish You Would*," trois morceaux qui racontent sa relation avec le chanteur **Harry Styles** à travers des paroles interconnectées.

"OUT OF THE WOODS"

Le titre "*Out of the Woods*" se traduit littéralement par "hors des bois" mais signifie en anglais « au bout de nos peines ». Taylor Swift répète cette phrase dans le refrain de la chanson, et manifeste ainsi son désir de stabilité dans une relation qu'elle pressent vouée à l'échec. Elle fait référence à son ex petit-ami Harry Styles à travers des paroles comme "*two paper airplanes flying*[1]", clin d'œil à un collier en forme d'avion en papier que Harry a offert à Taylor. Le pont de la chanson fait également allusion à un accident de ski qu'ils ont vécu ensemble, l'incident métaphorise la façon dont ils ont surmonté ensemble les difficultés et leurs séquelles émotionnelles.

[1] Deux avions de papier qui volent

"STYLE"

"*Style*" est sans doute considérée comme l'une des meilleures chansons pop de Taylor. Le titre fait référence au nom de Harry Styles. Cette référence est confirmée dans le refrain où est décrit un homme qui s'apparente à James Dean, au style capillaire désordonné. Les paroles, "*And I should just tell you to leave 'cause I know exactly where it leads*[2]", évoquent la tentation qui les attire l'un vers l'autre et les cycles de leur relation qui ne sont pas toujours des plus joyeux.

[2] Et je devrais juste te dire de partir car je sais exactement où ça nous mène.

"I WISH YOU WOULD"

L'une des chansons préférées de l'album pour les fans...

Elle a été écrite par Taylor Swift quelques mois après sa rupture avec Harry Styles. Le sujet de cette chanson est sur deux personnes qui se quittent et reviennent constamment l'une vers l'autre. Taylor exprime son souhait que Harry revienne vers elle. Elle confie être restée amie avec lui après leur rupture, une première pour elle. Harry avait acheté une maison près de celle de Taylor Swift à New York et lui avait avoué qu'il passait souvent en voiture devant chez elle, hésitant à s'arrêter. Dans «I Wish You Would,» Taylor dépeint cette situation : deux personnes qui désirent la même chose et manquent de courage pour faire le premier pas.

CE QUI A MARQUÉ L'ERA DE 1989

LE GIRL SQUAD !

Connaissez-vous le célèbre *Girl Squad* de Taylor Swift ? À l'époque, Taylor Swift avait un groupe d'amies composé de célébrités de premier plan. Parmi les membres du *squad*, on comptait Cara Delevingne, Selena Gomez, Gigi Hadid, Kendall Jenner, Lorde, les sœurs HAIM, Karlie Kloss... Leur amitié attirait énormément l'attention des médias, et elles ont fait sensation en apparaissant dans le clip de "*Bad Blood*".

Gigi Hadid, Martha Hunt, Hailee Steinfeld, Cara Delevingne, Selena Gomez, Taylor Swift, Serayah, Mariska Hargitay, Lily Aldridge, Karlie Kloss aux MTV VMA's 2015

"BAD BLOOD"

Le clip de "*Bad Blood*" illustre parfaitement un conflit qui a eu lieu à l'époque entre Taylor Swift et Katy Perry.

Dans les médias, l'histoire a été connue lors d'une déclaration de Taylor Swift dans une interview pour *Rolling Stones*. Elle avoue être en froid avec une artiste avec qui elle s'entendait bien et déclare : "*It had to do with business. She basically tried to sabotage an entire Arena Tour. She tried to hire a bunch of people out from under me.*"* Katy Perry, en tournée, aurait proposé à trois danseurs de Taylor Swift, qui travaillaient alors sur le Red Tour, de venir danser pour elle. Avant la fin du *Red Tour*, ces trois danseurs avaient rejoint Katy pour son *Prismatic Tour*. Taylor, souhaitant éviter un conflit direct avec Katy Perry a évité tout contact avec elle, même lorsque cette dernière a tenté de lui parler. Avec le temps, leur conflit s'est apaisé. Katy Perry apparaît même dans le clip "*You Need to Calm Down*", une preuve de leur réconciliation !

*ça concerne des affaires pros. Elle a essayé de saboter une tournée entière et a essayé de recruter un groupe de personnes qui dépendait de ma direction.

Taylor Swift a souvent été sous le feu des projecteurs en raison de ses relations amoureuses, et l'une de ses histoires les plus médiatisées concerne sa relation avec Calvin Harris. Les deux artistes se sont rencontrés début 2015 et ont eu une relation qui a duré un peu plus d'un an. Cependant, ce qui a véritablement fait sensation, c'est l'histoire d'une chanson : "*This Is What You Came For*".

"THIS IS WHAT YOU CAME FOR"

Beaucoup de fans espéraient une collaboration directe entre Taylor Swift et Calvin Harris, mais la réalité a pris un tournant inattendu. C'est en fait une collaboration entre Calvin Harris et Rihanna qui est sortie.

En regardant les crédits, on découvre que Taylor Swift a cependant participé à l'écriture de la chanson sous le pseudonyme "Nils Sjöberg". Cette contribution devait rester secrète, mais après leur rupture, Taylor Swift et son équipe n'ont pas tardé à confirmer son implication. Calvin Harris a réagi par une série de tweets expliquant qu'ils avaient convenu de garder ce secret à la demande de la chanteuse et ne comprenait pas pourquoi elle cherchait soudainement à se mettre en avant.

En juin 2024, Taylor Swift fait une surprise inattendue… Lors du set des *surprise songs* au Eras Tour, Taylor Swift a interprété la chanson ! Est-ce que ça laisserait sous-entendre qu'elle voudrait récupérer ses droits et que la chanson apparaîtrait sur **reputation** *(Taylor's Version)* ? L'avenir nous le dira !

Toutes ces histoires vont malheureusement faire de l'ombre aux étapes importantes de la carrière de Taylor Swift à cette période car les médias vont se focaliser avant tout sur ses relations amoureuses.

1989 propulse Taylor Swift au rang de véritable star de la pop à l'international. Elle réussit à conquérir un nouveau public tout en gardant ses fans de la première heure qui la suivaient pour sa musique country. Les chansons de cet album restent, dix ans après, les plus populaires de sa discographie et les clips font partie de ses plus marquants. Taylor Swift inspire beaucoup d'artistes avec cet album qui marquera la décennie en s'imposant comme un véritable succès commercial et critique. Pour Taylor Swift, c'est une période de transition : elle s'installe à New York et embrasse une nouvelle phase de sa vie. Plus confiante et assumée, elle est le reflet des chansons de 1989 qui abordent la transformation, la résilience et la célébration de soi.

DE L'OMBRE À LA LUMIÈRE : COMMENT TAYLOR SWIFT A REPRIS LE CONTRÔLE DE SA RÉPUTATION

LA DISPARITION DE TAYLOR SWIFT

Ce n'est plus un secret, Taylor Swift et **Kanye West** ont toujours eu une relation conflictuelle. Alors que Taylor vit pleinement le succès de 1989, Kanye sort la chanson "*Famous*" en février 2016, qui l'interpelle par des paroles provocantes : "*I feel like me and Taylor might still have sex, Why? I made that bitch famous*"[1]. Taylor Swift réagit vivement, affirmant ne pas avoir été informée à l'avance de ces paroles. Kanye riposte en prétendant le contraire, et le conflit s'instaure de nouveau entre les deux.

Quelques jours plus tard se déroule la cérémonie des Grammys de 2016. Taylor Swift remporte l'album de l'année pour 1989 et dans un discours mémorable, elle déclare : "*There are going to be people along the way who will try to undercut your success or take credit for your accomplishments or your fame... If you just focus on the work, and you don't let those people sidetrack you, someday when you get where you're going*"[2], et par-là répond subtilement à **Kanye West.**

[1] « J'ai la sensation que le pourrais coucher avec Taylor. Pourquoi ? Parce que j'ai rendu cette salope célèbre. »

[2] « Il y aura toujours, sur votre chemin, des gens qui essaieront de miner votre succès ou de s'attribuer le mérite de vos réalisations ou de votre célébrité. Si vous vous concentrez sur votre travail et que vous ne laissez pas ces personnes vous distraire, un jour, vous arriverez à votre rêve. »

Les mois passent et Kanye West ainsi que sa femme Kim Kardashian maintiennent le fait que Taylor Swift était au courant de cette chanson et ses paroles. En juin 2016, Kanye West sort le clip de "*Famous*". Dans celui-ci, on voit une statue représentant Taylor Swift nue aux côtés de Kanye West et diverses célébrités dans un immense lit. Cette scène est un immense choc pour Taylor Swift et ses fans. Un mois plus tard, Kim Kardashian dévoile une série de vidéos d'un prétendu appel entre Taylor Swift et son mari, discutant des paroles de la chanson. On peut entendre Taylor Swift dire qu'elle prend ces paroles comme un compliment et qu'elle pourra dire que ce n'était qu'une blague, si les fans s'interrogent à leur sujet.

Conséquence : contre la chanteuse, se déploie un cyberharcèlement d'une ampleur jamais vue auparavant. Taylor Swift passe pour une menteuse, les vidéos prouveraient sa responsabilité. Sur Twitter, le hashtag ***#TaylorSwiftIsOverTheParty*** se répand et les utilisateurs ne se gênent pas pour l'insulter. Sur les plateaux télé également, on la qualifie de «manipulatrice», de «personne fausse» qui cherche à attirer l'attention sur elle.

Plus tard, dans *Miss Americana*, un documentaire sur sa vie d'artiste sorti en 2020, des extraits de discours très violents passés à la télévision sont retransmis. Après le succès immense de 1989, c'est la descente aux enfers.

Au moment le plus prestigieux de sa carrière, Taylor Swift s'est rendu compte que les médias instrumentalisaient sa carrière et sa vie amoureuse, en jouant avec la réalité. Cette exposition médiatique a rendu sa vie insupportable et elle a senti que c'était le moment de faire une pause loin de son public, de ses fans et surtout des médias. Elle a alors disparu dans le but de se préserver, de reprendre le contrôle de sa vie, de son image et surtout, de sa réputation. Jusqu'au mois d'août 2017, beaucoup de questions sont restées en suspens. Taylor Swift a supprimé toutes ses publications sur les réseaux sociaux, et a annoncé que quelque chose allait arriver...

N'allons pas trop vite... Que s'est-il passé pendant l'année où elle s'est repliée sur elle-même ?

J'ai même une autre interrogation, qui part de cette réflexion : Taylor Swift suivait un cycle d'un album tous les deux ans. **Un album aurait donc dû voir le jour en 2016, non ?**

THE OLD TAYLOR CAN'T COME TO THE PHONE RIGHT NOW...*

Avec **reputation**, Taylor Swift orchestre une rencontre magistrale entre des paradoxes : la lumière et l'ombre, le bien et le mal, la revanche et le calme. Son retrait temporaire de la sphère publique lui a non seulement permis de se concentrer sur sa vie personnelle, mais aussi de préparer une stratégie pour sa prochaine évolution musicale. Avec **reputation**, elle signe un tournant décisif dans sa carrière, non seulement par son style musical mais surtout par son approche créative nouvelle.

Le *storytelling* joue un rôle central dans cet album. Les chansons se concentrent sur des thématiques de résilience, d'introspection et de réinvention. En continuant de collaborer avec des producteurs de renom comme Shellback, Max Martin et Jack Antonoff, Taylor Swift explore des sonorités plus sombres et audacieuses. Pour elle, il est impératif de ne rien sortir de similaire à **1989**, un album qu'elle considère comme unique et inégalable. Elle veut s'en détacher et embrasser une nouvelle identité musicale. Les sessions d'enregistrement sont donc marquées par l'expérimentation, et lui permettent de transformer radicalement son style.

Taylor Swift reste cependant fidèle à elle-même. L'écriture de **reputation** est personnelle et vulnérable, elle dépeint ses combats contre les médias et, par une forte introspection, explore ses propres relations. L'enregistrement de l'album s'est fait dans le plus grand secret, une volonté de Taylor Swift et son équipe pour conserver son authenticité et maximiser la force qu'il aura à sa sortie. **reputation** est devenu un symbole de résilience, et a prouvé, une fois de plus, la constante capacité de Taylor Swift à se réinventer.

La particularité de **reputation** réside dans son intention. Pour Taylor Swift, il ne s'agit pas simplement de sortir de la musique mais de réécrire une histoire, la sienne, pour **se la réapproprier**. Dans un premier temps, elle décrit le « bruit », les intrusions permanentes dans sa vie, et son sentiment par rapport à cette violation de sa vie privée. Dans un second temps, elle réalise que, si le monde est contre elle, elle peut toujours trouver quelque chose de vrai et sincère, et c'est ce qui compte le plus. Pendant cette période, elle rencontre Joe Alwyn et ils partagent un amour authentique ce qui lui permet d'écrire et d'enregistrer un album marquant son grand retour.

*Désolée l'ancienne Taylor ne peut pas répondre maintenant...

Alors qu'elle avait tout supprimé de ses réseaux sociaux, Taylor Swift a d'abord secoué Internet en postant une vidéo d'un serpent sur son compte Instagram. Lors de la polémique sur Twitter, beaucoup de ses détracteurs l'avait qualifiée de «serpent». Elle décide alors de jouer avec cette image, et se réapproprie ce symbole pour en faire une icône de force et d'audace. Pendant le *Reputation Stadium Tour*, elle diffuse un poème qu'elle a écrit, "*Why She Disappeared*", où elle écrit "*And in the death of her reputation, she felt truly alive*"[1], capturant parfaitement l'essence de l'album.

Dans **reputation**, la vengeance, la réinvention personnelle, les relations tumultueuses et la perception publique sont des thématiques omniprésentes. Les paroles introspectives et critiques explorent en profondeur les conséquences de la célébrité et les malentendus qui l'accompagnent. Des morceaux comme "*Look What You Made Me Do*" *et* "*This Is Why We Can't Have Nice Things*" illustrent parfaitement ces thèmes, mettant en lumière les trahisons et les revanches.

[1] Et dans la mort de sa réputation, elle s'est sentie vraiment vivante.

"LOOK WHAT YOU MADE ME DO"

La sortie de "Look What You Made Me Do" prend tout le monde par surprise. En tant que premier single reputation cette chanson annonce le retour fracassant de Taylor Swift. Les paroles et la mélodie traduisent une forte volonté de riposte et de clarification, notamment par rapport au drama avec Kanye West, Kim Kardashian et son retrait de la sphère publique.

"I don't like your little games
Don't like your tilted stage
The role you made me play of the fool
No, I don't like you"[2]

Ces paroles s'adressent à ceux qui l'ont critiquée et ont voulu la faire passer pour une mauvaise personne. Elles expriment son refus d'être manipulée et son rejet de l'injustice dont elle a été victime.

[2] «Je n'aime pas vos petits jeux. Je n'aime pas votre scène inclinée. Le rôle d'idiote que vous m'avez fait jouer. Non, je ne vous aime pas»

Parmi les paroles les plus percutantes, ce couplet se démarque particulièrement :

The world moves on, another day another drama, drama
But not for me, not for me, all I think about is karma
*And then the world moves on, but one thing's for sureMaybe I got mine, but you'll all get yours**

Ce passage est une déclaration de revanche explicite, suggérant que les actions de ses détracteurs l'ont poussée à devenir plus forte et à se relever. Chacun finira par subir les conséquences de ses actes.

Le clip qui accompagne cette chanson est extrêmement imagé : elle sort de sa tombe, symbolisant sa renaissance et elle détruit tout ce qui représentait ses anciennes époques musicales, signifiant qu'avec cette nouvelle ère, elle a tourné la page et s'est retrouvée. Avec "*Look What You Made Me Do*", Taylor Swift veut envoyer un message percutant : « j'ai évolué, et je suis plus forte que jamais ».

*Le monde avance, un autre jour, un autre drame, un drame
Mais pas pour moi, pas pour moi, tout ce à quoi je pense c'est le karma
Et puis le monde avance, mais une chose est sûre
Peut-être que j'ai eu le mien, mais vous aurez tous le vôtre

Taylor Swift en concert au Wembley Stadium le 23 juin 2018 à Londres, au Royaume-Uni.

"THIS IS WHY WE CAN'T HAVE NICE THINGS"

"*This Is Why We Can't Have Nice Things*" déroule le thème de la trahison et de la revanche avec une touche d'ironie mordante. Contrairement à "*Look What You Made Me Do*", la mélodie est plus enjouée, et évoque les sonorités plus légères de son album suivant, *Lover*. Taylor Swift critique les relations toxiques qui ont gâché ses moments de bonheur.

Did you think I wouldn't hear all
the things you said about me? [1]

Un passage qui exprime son désenchantement face aux trahisons, sa décision de se défendre publiquement et les paroles suivantes qui font un écho douloureux à sa relation tumultueuse avec Kanye West :

It was so nice being friends again
There I was, giving you a second chance
But you stabbed me in the back while
shakin' my hand [2]

[1] Pensais-tu que je ne serais pas au courant de ce que tu dis sur moi ?

[2] C'était si agréable d'être à nouveau amis. J'étais là, à te donner une seconde chance. Mais tu m'as poignardée dans le dos en me serrant la main

Taylor Swift aux American Music Awards 2018 au Microsoft Theater le 9 octobre 2018 à Los Angeles, CA.

Taylor Swift pendant le reputation Tour (2018)

Par la suite, la chanson prend une tournure plus positive : Taylor Swift, après avoir eu son moment de vengeance, choisit désormais de se concentrer sur des choses plus essentielles comme ses relations authentiques.

Here's a toast to my real friends
They don't care about the "he said, she said"
And here's to my baby
He ain't readin' what they call me lately
And here's to my mama
*Had to listen to all this drama**

Dans le bridge, elle met en valeur ses véritables amis, son partenaire, et sa famille qui l'ont soutenue dans ces turbulences... "*This Is Why We Can't Have Nice Things*" représente donc à la fois une catharsis et une célébration des relations qui comptent vraiment pour elle.

*Voici un toast à mes vrais amis
Ils se fichent des « on-dit »
Et voici un toast pour mon bébé
Il ne lit pas les dernières rumeurs
Et voici un toast pour ma maman
Elle a dû écouter toutes ces histoires

"DELICATE"

"*Delicate*" dépeint la manière dont Taylor Swift a réussi à trouver l'amour alors que sa réputation était au plus bas. Elle se demande si quelqu'un peut vraiment l'aimer pour ce qu'elle est, en réussissant à dépasser son image publique. Taylor Swift, consciente de la manière dont sa réputation actuelle pourrait affecter ses relations, se montre très vulnérable et dévoile beaucoup de ses sentiments :

This ain't for the best
My reputation's never been worse, so
You must like me for me...[1]

La chanson mélange douceur et fragilité, avec des sonorités électroniques légères qui accentuent le sentiment d'incertitude et de désir de connexion authentique.

Sometimes I wonder, when you sleep
Are you ever dreaming of me?
Sometimes when I look into your eyes
I pretend you're mine all the damn time[2]

Dans le pont, elle évoque un moment où, malgré les tumultes de sa vie, elle cherche un espace de sincérité et de compréhension dans sa vie privée. Taylor a essayé d'être rassurée et sa relation l'a beaucoup aidée.

[1] Ce n'est pas pour le mieux. Ma réputation n'a jamais été aussi mauvaise, alors. Tu dois m'aimer pour moi..

[2] Des fois je me demande si quand tu dors. Tu rêves de moi.
Des fois quand je regarde tes yeux, je fais comme si tu étais à moi tout le temps.

"CALL IT WHAT YOU WANT"

Taylor Swift commence par admettre ses luttes et ses erreurs :

My castle crumbled overnight
I brought a knife to a gunfight
They took the crown but it's alright...[1]

Elle reconnaît ses propres faiblesses, beaucoup de personnes ont été contre elle, ça lui a fait défaut mais elle l'admet sans en être forcément touchée. La perte et la trahison sont à peine évoquées, et à la place est mis en avant un amour qui lui permet de se reconstruire et de trouver la paix :

I want to wear his initial on a chain
'round my neck, chain 'round my neck
Not because he owns me
But 'cause he really knows me...[2]

[1] Mon château s'est écroulé en une nuit. J'ai apporté un couteau dans une fusillade. Ils ont pris la couronne mais tout va bien...

[2] Je veux porter ses initiales sur une chaîne autour de mon cou, une chaîne autour de mon cou. Non pas parce qu'il me possède. Mais parce qu'il me connaît vraiment...

Par rapport à ses relations passées, une véritable évolution a eu lieu : elle a rencontré quelqu'un qui l'accepte et la comprend profondément. La chanson met en lumière une transition vers un amour mature et sain, loin des drames publics et des faux-semblants. Avec Joe Alwyn, elle trouve ce dont elle a besoin à l'époque, du calme et de la tendresse.

En embrassant sa vulnérabilité et en la transformant en force, Taylor Swift s'est réappropriée son récit avec amour et acceptation de soi. **reputation** se fait témoin d'une réinvention personnelle profonde, d'une introspection sincère et de la reconnaissance de son parcours. Taylor Swift dévoile une perspective intime sur les défis de l'amour, alors même qu'elle est l'une des plus grandes popstars du monde. Son retour sur le devant de la scène rétablit sa lumière, mais lui permet aussi de proposer une connexion authentique avec son public, car elle démontre plus que jamais que ses histoires personnelles résonnent avec ceux et celles qui l'écoutent.

LA QUÊTE D'INDÉPENDANCE ET D'ÉVOLUTION ARTISTIQUE

Par quoi est-ce que vous vous définissez ? Vos erreurs ? Vos passions ? Vos joies ? Vos peines?

Et si vous vous définissiez par les choses que vous aimez ? Avec Lover, Taylor Swift nous invite à explorer l'amour sous toutes ses formes. Après la période sombre et introspective de **reputation**, Taylor Swift embrasse un univers plus lumineux et coloré, défini par la délicatesse et l'ouverture émotionnelle. L'*Era* de Lover est une période de renaissance pour Taylor Swift, elle se présente au monde avec une nouvelle perspective pleine d'espoir et de positivité. Cet album incarne la joie retrouvée, la croissance personnelle et l'acceptation, mais elle reste fidèle à sa capacité à capturer toute la palette des émotions à travers ses paroles. Cette *Era* est une déclaration d'indépendance artistique, une célébration de l'amour, et une affirmation de soi, nous rappelant que même après les tempêtes les plus tumultueuses, il y a toujours de la place pour la lumière et la tendresse.

Graphiquement, elle change complètement d'univers, troque les teintes sombres et les serpents pour des couleurs pastel bien plus joyeuses. Ce changement d'ère se manifeste surtout via Instagram car c'est un univers très visuel. Le 13 avril, Taylor poste Swift un compte à rebours de treize jours. À un jour de la fin, le 25 avril, elle pose devant une fresque de papillon à Nashville. Le lendemain, le 26 avril, elle sort son tout nouveau single, "*ME!*" en duo avec Brendon Urie, membre de Panic! at the Disco. Elle annonce ensuite son nouvel album, Lover. Il sortira le 23 août 2019.

LE PRIX DE L'INDÉPENDANCE

Taylor Swift a dû se battre pour sortir cet album et ceux qui ont suivi.

Dès la sortie de **reputation** en novembre 2018, Taylor Swift signe un contrat avec Republic Records, et met fin à son contrat avec Big Machine. En juin 2019, les médias rapportent que Scooter Braun a racheté Big Machine à Scott Borchetta pour 330 millions de dollars. Il devient alors propriétaire de tous les masters, vidéoclips et œuvres d'art protégés par Big Machine, y compris les six premiers albums studio de Taylor Swift : **Taylor Swift** (2006), **Fearless** (2008), **Speak Now** (2010), **Red** (2012), **1989** (2014), **reputation** (2017). Le problème ? Taylor Swift a essayé pendant des années de racheter ses masters, mais Big Machine Records avait toujours refusé, à moins qu'elle ne renouvelle son contrat avec eux. Trouvant cela inacceptable, elle a refusé l'offre.

Que Big Machine ait vendu ses masters sans lui proposer de les racheter s'apparente à un coup de poignard dans le dos. Taylor Swift n'a jamais caché son opinion sur Scooter, le qualifiant de tyran et de manipulateur. Celui-ci a, en plus, participé au harcèlement en ligne de Taylor lors de l'affaire avec Kanye West. Scooter Braun n'est pas un inconnu dans l'industrie musicale. Il est notamment celui qui a découvert Justin Bieber sur YouTube et qui est devenu son manager. Il a également travaillé avec Demi Lovato, Ariana Grande, J. Balvin et Kanye West. De son côté, Scott Borchetta affirme que Taylor Swift a refusé d'acheter ses masters quand l'occasion se présentait.

En signant avec Republic Records, Taylor Swift peut finalement posséder tous les droits sur sa musique, mais cette trahison a été difficile à accepter pour elle, car elle avait confiance en Scott Borchetta, qui lui a permis de lancer sa carrière. En vendant son catalogue à quelqu'un qui ne respectait pas son travail, Scott a trahi cette confiance. Dans une lettre ouverte qu'elle publie sur ses réseaux sociaux en novembre 2019 elle accuse. Netflix est en train de tourner un documentaire sur elle et ni Scooter Braun ni Scott Borchetta ne la laisse utiliser ses anciennes musiques pour ce film : « Scott et Scooter ont refusé que soient utilisées mes anciennes musiques ou d'anciennes performances dans ce projet bien qu'il n'y ait aucune mention d'eux ou de Big Machine Records nulle part dans le film. » Pour elle, « que Scooter rachète Big Machine est le pire scénario possible. Scooter vient désormais de me dépouiller de tout mon travail, qu'on ne m'a même pas donné l'opportunité d'acheter. J'avais accepté le fait que mes œuvres soient un jour rachetées. Mais même dans mes pires cauchemars je n'aurais pu imaginer que l'acheteur soit Scooter. » Elle perd donc les droits de ses six premiers albums. La seule solution qu'elle voit pour récupérer ses droits sur ses musiques, **c'est de les réenregistrer.**

LOVER : L'ODE À L'AMOUR

"LOVER"

Taylor Swift a écrit "*Lover*" alors qu'elle était seule chez elle à Nashville, incapable de trouver le sommeil. La mélodie du refrain lui trottait dans la tête, et dès le lendemain, elle s'est envolée pour New York afin de l'enregistrer avec Jack Antonoff. Cette chanson incarne ce moment où deux personnes décident de vivre ensemble et d'avancer encore un peu plus dans leur vie à deux. C'est une célébration de l'amour qui met en lumière les aspects positifs du couple. Taylor a confié ses paroles préférées de la chanson :

"Ladies and gentlemen will you please stand?
With every guitar string scar on my hand
I take this magnetic force of a man to be my lover."*

Ces paroles sont particulièrement significatives pour elle. Les cicatrices des cordes de guitare sur ses doigts sont bien réelles, mais ici elles servent surtout de métaphore. Taylor Swift a écrit de nombreuses chansons de rupture qui témoignent des histoires tristes qui l'ont profondément marquée. Elle espère que quelqu'un l'aimera pour ce qu'elle est aujourd'hui, avec toutes ses cicatrices du passé.

Pour l'anecdote, il existe une version de cette chanson en duo avec le chanteur Shawn Mendes !

* Mesdames et messieurs, pouvez-vous vous lever s'il vous plait ?
Avec chaque cicatrice de cordes de guitare sur ma main
Je prends cette force magnétique d'homme pour être mon amoureux

"CORNELIA STREET"

Dans cet album, "*Cornelia Street*" est la musique favorite des fans et l'une des préférées de Taylor Swift. Elle célèbre l'amour et craint sa perte. Cornelia Street est une rue située à New York où Taylor Swift a habité entre 2016 et 2017. Cette chanson est inspirée par les moments qu'elle a vécus avec son copain de l'époque, Joe Alwyn, la ville entière est imprégnée de leur histoire d'amour.

La chanson capture la nostalgie des moments attachés à un endroit précis, qui rend ces souvenirs indélébiles. L'amour y est décrit comme précieux et fragile, et chaque coin de rue évoque des souvenirs :

"I hope I never lose you, hope it never ends
I'd never walk Cornelia Street again
That's the kind of heartbreak time could never mend
I'd never walk Cornelia Street again*"

Avec ce refrain, Taylor rend compte de l'importance de cet endroit dans lequel il serait trop douloureux d'aller sans Joe. La chanson incarne la manière dont un lieu peut devenir un témoin silencieux d'une histoire d'amour, et peut rendre chaque souvenir encore plus poignant et durable.

*Et j'espère ne jamais te perdre, j'espère que ça ne s'arrêtera jamais Je ne remarcherai plus sur Cornelia Street. C'est le genre de peine de coeur que le temps ne guérira jamais. Je ne remarcherai plus sur Cornelia Street

Taylor Swift à l'avant-première de Cats (2019)

"THE ARCHER"

"*The Archer*" est probablement la chanson la plus personnelle de l'album. Taylor y révèle ses angoisses profondes. Elle s'expose en expliquant qu'elle se sent à la fois comme une chasseuse et comme une proie. Après avoir beaucoup souffert, elle avoue avoir constamment peur, et craindre toujours le pire et l'inattendu. Ces peurs la rongent même lorsque tout va bien dans sa relation.

"I've been the archer, I've been the prey. Who could ever leave me, darling But who could stay?[1]"

Dans ce refrain, Taylor Swift illustre sa dualité : elle se voit comme l'archère, qui attaque et se protège, mais aussi comme la proie, fragile et exposée. Elle se demande qui pourrait bien la supporter avec de telles complexités. Cette introspection révèle sa lutte intérieure entre son besoin de protection et son sentiment de vulnérabilité.

Pour les fans attentifs : cette chanson est la **cinquième** de l'album, ce qui est significatif, car les cinquièmes pistes de ses albums sont souvent les plus intenses.

"SOON YOU'LL GET BETTER"

C'est une ballade très poignante dédiée à sa maman, Andrea, à qui on a diagnostiqué un cancer en avril 2015 et qui en a souffert pendant des années. Taylor Swift et sa mère sont très proches, il n'est donc pas surprenant que Taylor Swift ait choisi d'inclure cette chanson dans l'album. Elle avait déjà dédié une chanson à sa mère dans Fearless intitulée "*The Best Day*"

Dans un article de 2019 pour *ELLE Magazine*, Taylor Swift déclare que la maladie soudaine de sa mère a changé sa vision de la vie :

« *My mom's cancer has taught me that there are real problems and then there's everything else. My mom's cancer is a real problem. I used to be so anxious about daily ups and downs. I give all of my worry, stress, and prayers to real problems now.*[2] »

Cette chanson a été la plus difficile à écrire pour Taylor, car elle touche à l'intime et elle a dû en discuter avec sa famille pour décider si elle devait l'inclure dans l'album. Selon les fans qui ont assisté aux *Secret Sessions* de Lover, Taylor Swift quittait la pièce lorsque cette chanson était jouée. Elle est tout de même extrêmement fière de l'avoir ajoutée dans l'album, car elle aborde l'amour profond entre une mère et sa fille, et les défis qu'elle a partagés avec sa mère.

[1] J'ai été l'archère, j'ai été la proie
Qui pourrait me laisser, chéri
Mais qui pourrait rester ?

[2] « Le cancer de ma mère m'a appris qu'il y a les vrais problèmes et qu'à côté, il y a tout le reste. Le cancer de ma mère est un vrai problème. Avant, j'étais tellement anxieuse face aux hauts et aux bas quotidiens. Aujourd'hui, je consacre tous mes soucis, mon stress et mes prières à de vrais problèmes. »

Une ERA d'une courte DURÉE

Taylor Swift a réalisé de nombreuses performances *live* pour promouvoir l'album Lover, dont le remarquable concert "*City of Lover*" à Paris. Lors de cet événement, elle a interprété plusieurs versions acoustiques de chansons comme "*Lover*," "*Daylight*," "*Cornelia Street*," ainsi que d'autres chansons de l'album et a ainsi offert à ses fans une expérience intime et émouvante.

En 2019, Taylor Swift a également élargi son horizon artistique en participant à deux films. Le premier est l'adaptation cinématographique de la comédie musicale *CATS*, sortie en décembre, dans laquelle elle incarne littéralement le rôle d'un chat. Pour ce film, elle a également coécrit et interprété une chanson originale intitulée "*Beautiful Ghosts*," qui a reçu des éloges pour sa contribution émotive à la bande-son.

Le deuxième projet cinématographique marquant de cette période est le documentaire *Miss Americana*. Ce reportage, disponible sur Netflix, suit Taylor Swift depuis la fin de l'ère **reputation** et pendant la création de l'ère Lover. Le documentaire offre une plongée profonde dans la vie de l'artiste, incluant de nombreux flashbacks de ses débuts de carrière, de son ascension fulgurante, et de ses prises de position politiques de plus en plus affirmées.

Cependant, en mars 2020, la pandémie interrompt brusquement l'ère Lover. Comme de nombreux artistes, Taylor a vu ses projets et ses tournées interrompus par la crise sanitaire mondiale. Malgré ce coup de frein inattendu, Lover a laissé une empreinte indélébile dans le cœur de ses fans en proposant encore une fois quelque chose de différent.

Taylor Swift avait tout prévu pour l'année 2020 : la suite de l'ère Lover, la tournée estivale du *Lover Fest*... Le confinement et la pandémie ont bouleversé ses plans, et Taylor Swift s'est retrouvée enfermée chez elle, comme une grande partie de la population mondiale. Beaucoup ont profité de cette période pour repenser le quotidien : se lancer dans le sport, la cuisine, ou développer ses passions.

Taylor, quant à elle, a écrit, enregistré, et sorti un album : folklore.

Le contexte de création de cet album est assez particulier puisqu'il n'était pas du tout prévu. Taylor, plongée dans une intimité totale et une vie simple avec ses projets en suspens, a vu son isolement stimuler sa créativité et son imagination. Ainsi est né folklore. Pour cet album, elle a continué de collaborer avec Jack Antonoff et Aaron Dessner.

Cet album a été une véritable surprise, jusque dans sa promotion. Taylor prévoit toujours méticuleusement la sortie de ses albums, mais même elle n'avait pas vu venir folklore.

Je me souviens encore de l'annonce de folklore : Ni date d'annonce ni single, mais une série de photos publiées sur Instagram formant la couverture d'un nouvel album. folklore a été annoncé le 23 juillet 2020 et il est sorti le jour-même à minuit. En même temps que l'album, le clip du premier single "*Cardigan*" a été publié. Taylor Swift a profité du confinement pour transformer une situation difficile en une explosion de créativité.

À ce moment-là, Taylor Swift pensait que le sommet de sa carrière était déjà derrière elle. Dans son documentaire *Miss Americana*, elle confiait qu'elle n'était pas sûre de retrouver un jour le même niveau de célébrité. folklore n'est pas seulement significatif par un nouveau changement de style musical, album folk et non pas pop.

Beaucoup de ses fans attendaient d'ailleurs un album folk, et elle les a comblés avec un album riche, étoffé et chargé d'émotions. Dans une interview pour *Entertainment Weekly* en décembre 2020, elle déclare :

« Quels mots ai-je envie d'écrire ? Quelles histoires ai-je envie de raconter ? Quelles mélodies ai-je envie de chanter ? Quelle production est essentielle pour raconter ces histoires ? C'était une expérience très personnelle. Avec mon équipe de management, nous avons absolument tout créé à l'avance - chaque enregistrement, chaque pochette d'album. Puis nous avons appelé notre maison de disques une semaine à l'avance pour leur dire : "Voilà ce que nous avons". »

FOLKLORE UN NOUVEAU TOURNANT DANS LA CARRIÈRE DE TAYLOR SWIFT

THE LONG POND STUDIO SESSION

En novembre 2020, elle annonce un cadeau de Noël en avance : *folklore: The Long Pond Studio Sessions*, disponible le lendemain sur Disney+ ! Elle tweete :

«Nous sommes le 24 novembre et 24-11=13, alors j'ai une annonce à faire ! Vous n'avez pas encore vu ce film. *folklore: The Long Pond Studio Sessions* sortira ce soir à minuit !»

Cette session acoustique a été filmée au Long Pond Studio d'Aaron Dessner, dans la vallée de l'Hudson, à New York. Un album *live* composé des performances a été publié sur les services numériques en même temps que le film. folklore est une nouvelle étape importante et inattendue dans la carrière de Taylor Swift.

UNE DIMENSION FICTIVE PLUS QU'AUTOBIOGRAPHIQUE

Dans folklore, l'imaginaire occupe une place centrale. Cet album dévie du style d'écriture habituel de Taylor Swift, jusque-là principalement autobiographique, et immerge l'auditeur dans des récits fictifs. Taylor utilise son talent de conteuse pour créer des personnages et des situations qui, inspirés de sa propre vie, explorent des thèmes universels tels que l'amour, la perte, la nostalgie et la rédemption…

"THE LAST GREAT AMERICAN DYNASTY"

Rebekah Harkness est une jeune femme qui défie toutes les règles imposées aux femmes de son époque. Elle aime la provocation, et forme avec un groupe d'amies le "Bitch Pack", une bande qui s'amuse à subvertir les événements mondains. Dans les années 1960, Rebekah se fait connaître comme philanthrope et mécène, et soutient plusieurs artistes par le biais de la Rebekah Harkness Foundation.

En 1947, elle épouse William Hale Harkness, surnommé « Bill », héritier d'une grande partie de la Standard Oil, la première et la plus grande entreprise multinationale de raffinage de pétrole du XIXe siècle. Ensemble, ils deviennent l'une des familles les plus riches et puissantes d'Amérique, et achètent une maison à Rhode Island. Taylor Swift raconte cette histoire dans le premier couplet de sa chanson "The Last Great American Dynasty" :

Rebekah rode up on the afternoon train, it was sunny
Her saltbox house on the coast took her mind off St. Louis
Bill was the heir to the Standard Oil name, and money
And the town said "How did a middle class divorcée do it?"[1]

En 1954, Bill meurt d'une crise cardiaque, et les habitants de la ville tiennent Rebekah pour responsable : "*It must have been her fault his heart gave out*[2]". Après la mort de son mari, Rebekah hérite de toute sa fortune, devenant l'une des femmes les plus riches des États-Unis. Cependant, la ville continue de la malmener en la poursuivant de commérages et d'accusations. Ils la tiennent responsable de la chute de la famille Harkness, d'où le titre "*The Last Great American Dynasty*".

[1] Rebekah est remontée dans le train de l'après-midi, il faisait beau
Son pavillon sur la côte lui faisait oublier Saint Louis
Bill était l'héritier du nom de la Standard Oil et de son argent
Et la ville a dit «Comment une divorcée de la classe moyenne a pu y arriver ?»

[2] C'est sûrement à cause d'elle que son cœur a lâché.

Rebekah profite pleinement de la vie, et organise de nombreux événements mondains dans sa grande maison. Elle est cependant la cible de rumeurs, et toute la ville la considère comme folle. On apprend qu'elle jouait aux cartes avec le peintre espagnol Salvador Dalí, et qu'elle a même perdu un pari contre lui : "and losing on card game bet with Dalí"[1]. Elle aurait aussi rempli sa piscine de champagne, bien qu'en réalité elle l'ait simplement utilisé pour nettoyer la piscine : "*Filled the pool with champagne*". Taylor reprend aussi une anecdote amusante : "*And in a feud with her neighbor / She stole his dog and dyed it key lime green*"[2]. En vérité, il s'agissait d'un chat et non d'un chien, Taylor Swift commet volontairement une erreur dans les paroles pour souligner l'inexactitude des ragots sur Rebekah.

Taylor rachète la maison de Rebekah après 50 ans d'inoccupation, sans savoir qui en était la propriétaire d'origine. Elle établit plus tard un parallèle entre leurs deux vies, voyant un rapprochement sur les critiques qu'elles ont toutes deux reçues, et décide d'écrire sur cette personnalité hors du commun.

Comme elle l'a déclaré à *Entertainment Weekly* en 2020 : "*I don't think we often hear about women who did whatever the hell they wanted*"[3]. Tout au long de la chanson, Taylor Swift répète sur Rebekah qu'elle s'est amusée à tout gâcher : "*she had a marvelous time ruining everything*". Puis à la fin, elle modifie cette phrase pour se la réapproprier et en devenir le sujet : "*I had a marvelous time ruining everything*"[4], soulignant ainsi la connexion entre leurs expériences respectives. Pour la construction de la chanson, Taylor Swift a utilisé un principe important de la musique country qu'elle décrit ainsi : "*the first verse you sing about someone else, the second verse you sing about someone else who's even closer to you, and then in the third verse, you go, 'Surprise! It was me'. You bring it personal for the last verse*"[5].

Taylor explique également qu'elle aime faire visiter la maison à ses invités en racontant une anecdote sur chaque pièce. Elle est enthousiasmée à l'idée de partager l'histoire de Rebekah dans cette maison, car Rebekah y faisait exactement ce qu'elle voulait.

[1] Et elle a perdu aux cartes contre Dali

[2] Et lors d'une dispute avec son voisin, elle a volé son chien et l'a teint en vert citron.

[3] Je ne pense pas qu'on entend souvent parler de femmes qui ont juste fait ce qu'elles voulaient envers et contre tout.

[4] « elle s'est bien amusée à tout gâcher »

[5] «Le premier couplet parle de quelqu'un d'autre, le deuxième couplet parle de quelqu'un d'autre qui est encore plus proche de vous, et dans le troisième couplet, vous dites : "*Surprise ! C'était moi*". Le dernier couplet est personnel. »

LE TRIANGLE AMOUREUX DE FOLKLORE

L'HISTOIRE DE BETTY, JAMES ET AUGUSTINE

Taylor Swift a créé un triangle amoureux fictif dans l'album folklore. Cette histoire est mise en scène dans trois chansons interconnectées : "*Cardigan*", "*Betty*" et "*August*". Alors, quelle est l'histoire de ce triangle amoureux ? Betty et James sont deux adolescents de 17 ans qui sortent ensemble. Quand James part en vacances, il rencontre une autre fille, Augustine, avec qui il trompe Betty. Il vit une brève histoire d'amour estivale avec Augustine, mais lorsqu'il revient chez lui, Betty découvre la trahison. James tente alors de se faire pardonner son infidélité.

"CARDIGAN"

La narratrice de "*Cardigan*" est Betty, qui écrit vingt à trente ans après sa relation avec James. Elle prend du recul sur son histoire d'amour adolescente. Voici comment Taylor décrit la chanson : « *The song is about a long lost romance, and why young love is often fixed so permanently within our memories. When looking back on it, why it leaves such an incredible mark and how special it made you feel; all the good things it made you feel, all the pain that it made you feel...* »*.

Pour Taylor Swift, James et Betty se sont remis ensemble, mais Betty a dû faire des efforts pour surmonter cette tromperie. On peut voir un reflet des sentiments de Taylor sur le pardon après une infidélité. Pour l'anecdote, les prénoms mentionnés dans la chanson — James, Inez, et Betty — sont ceux des enfants de ses très bons amis, le couple d'acteurs Blake Lively et Ryan Reynolds.

* La chanson parle d'une histoire d'amour perdue depuis longtemps, et de la raison pour laquelle les jeunes amours sont souvent ancrés dans nos mémoires de façon permanente. Quand on y repense, on se demande pourquoi il laisse une marque si incroyable et à quel point il nous a fait sentir spécial ; toutes les bonnes choses qu'il nous a fait ressentir, toute la douleur qu'il nous a fait ressentir...

"BETTY"

La chanson "*Betty*" est écrite du point de vue de James, un adolescent de 17 ans, qui cherche à se faire pardonner par Betty après avoir eu une aventure estivale. Taylor Swift décrit la chanson ainsi : *"I think we all have these situations in our lives where we learn to really, really give a heartfelt apology for the first time. Everybody makes mistakes, everybody really messes up sometimes, and this is a song that I wrote from the perspective of a 17-year-old boy."* [1]

Taylor explique qu'elle a entendu Joe Alwyn chanter le refrain complet de "*Betty*" depuis une autre pièce et s'est dit : pourquoi ne pas écrire une chanson ensemble ? En entendant Joe chanter, elle a trouvé que le point de vue d'un homme serait intéressant pour compléter cette chanson. Taylor écrit souvent des chansons du point de vue d'une femme, mais pour cette fois, elle apprécie de changer de perspective et de faire entendre la voix d'un homme qui veut s'excuser.

[1] «Je pense que nous vivons tous des situations où nous apprenons à présenter des excuses sincères pour la première fois. Tout le monde fait des erreurs, tout le monde se trompe parfois, et c'est une chanson que j'ai écrite du point de vue d'un garçon de 17 ans.

"AUGUST"

La chanson "*August*" raconte l'histoire d'Augustine, qui partage son aventure estivale avec James. Bien que cette jeune fille ne soit jamais nommée dans le triangle amoureux, Taylor Swift déclare dans les sessions du *Long Pond Studio* qu'elle imaginait que son prénom serait Augustine ou Augusta. "*August*" est la première des trois chansons du triangle amoureux qu'elle a écrites. Tout partait d'une phrase que Taylor Swift gardait dans son téléphone depuis des années "*Meet behind the hall*"[2]. La chanson offre une perspective intéressante, car Taylor Swift critique le mythe de « la mauvaise fille qui va te piquer ton copain ». Taylor explique son point de vue dans les sessions du Long Pond Studio : *«She sounds like a bad girl, but she's not. She's a very sensitive person who fell in love with him and was trying to look cool and not care because that's what girls are supposed to do. She was trying to make him think she didn't care, but she did and she thought there was something very real between them. Then he went back to Betty. The idea that there's a mean girl in any kind of situation who 'takes your man' is a total myth because it's not the case at all. Everyone has feelings and wants to be seen and loved. And Augustine... that's all she wanted."* [3]

[2] rencontrons-nous derrière le hall

[3] Elle semble être une mauvaise fille, mais ce n'est pas le cas. C'est une personne très sensible qui est tombée amoureuse de lui, qui essayait d'avoir l'air cool et voulait donner l'impression de s'en moquer parce que c'est ce que les filles sont censées faire. Elle essayait de lui faire croire qu'elle s'en fichait, mais ce n'était pas le cas et elle pensait qu'il y avait quelque chose de très réel entre eux. Puis il est retourné auprès de Betty. L'idée qu'il y a une fille méchante dans n'importe quelle situation et que celle-ci «prend votre homme» est totalement un mythe. Tout le monde a des sentiments et veut être vu et aimé. Et Augustine... Elle, c'est tout ce qu'elle voulait.

Augustine sait qu'elle ne sera jamais en couple avec James, mais elle pense que son amour peut être réciproque et elle sacrifie beaucoup pour celui-ci. Cela se reflète dans des phrases comme "*canceled plans just in case you call*[1]" ou "*to live for the hope of it all*[2]". Leur romance s'est finalement terminée avec l'été. Il y a de nombreux parallèles entre ces chansons de Taylor Swift dans l'album **folklore**, les paroles s'entrecroisent subtilement. En voici quleques exemples :

"Cardigan" : *"Chase two girls, lose the one. When you are young, they assume* ***you know nothing****."*
"Betty" : *"I'm only seventeen, I don't know anything, but* ***I know I miss you.****"*

"August" : *"Remember when I pulled up and said* ***get in the car.****"*
"Betty" : *"She said, 'James,* ***get in, let's drive.****"*

"Cardigan" : *"And you'd be standing in my* ***front porch light.****"*
"Betty" : *"Will you kiss me on the* ***porch?****"*[3]

[1] J'ai annulé mes plans juste au cas où tu appellerais.

[2] Vivre pour l'espoir de tout

[3] Cours après deux filles, perds la bonne
Quand tu es jeune, ils présument que **tu ne sais rien**.
Je n'ai que dix-sept ans, je ne connais rien mais **je sais que tu me manques**
Rappelle-toi quand je me suis garée et que j'ai dit «**Monte dans la voiture**»
Elle disait, «James, **monte, allons-y**.»
Et que tu serais debout **dans la lumière de mon porche**
M'embrasseras-tu sur **le porche ?**

Il y a quelques détails déchirants, notamment la différence de perception d'Augustine et James à propos de la relation qu'ils ont eue pendant ce fameux été :

"August" : "*So much for* ***summer love*** *and saying 'us'*".Tandis que James, dans "Betty", se réfère à leur relation en disant : "*If I told you it was just a* ***summer thing****?*"[4]

Augustine qualifie leur histoire de "*summer love*", tandis que James parle d'une "*summer thing*", la façon dont ils envisagaient leur relation est clairement différente.

Ces histoires d'adolescence, d'amours perdues, passionnelles et douloureuses touchent facilement nos cœurs car elles sont universelles. Bien qu'elles soient fictives, il est impressionnant de voir la maîtrise de l'écriture de Taylor Swift, car elle réussit à leur donner vie avec intensité.

[4] «Si je vous disais que c'était juste un truc d'été ?»

DES CHANSONS TRÈS INTROSPECTIVES

"MIRRORBALL"

Pour composer cette chanson, Taylor Swift s'est imaginé instantanément une boule à facettes qui se brisait et cette image a donné vie à la chanson.

« J'ai juste vu une boule disco solitaire, des lumières scintillantes, des enseignes néon, des gens qui buvaient des bières au bar, et quelques retardataires sur la piste de danse. C'était une sorte d'expérience triste, au clair de lune, au milieu d'une ville où l'on n'est jamais allé. Je pensais que si nous accrochions des boules à facettes au milieu d'une piste de danse, c'était parce qu'elles reflétaient la lumière, elles sont pourtant cassées un million de fois mais c'est ce qui les rend si brillantes. Il y a aussi des gens comme ça dans la société. Ils sont suspendus là et dès qu'ils se brisent, cela nous amuse. Puis lorsqu'on les éclaire, ils deviennent étincelants et fantastiques. La plupart du temps cependant, lorsque les projecteurs ne sont pas braqués sur eux, ils sont là, sur leur piédestal, et personne ne les remarque. »

La boule à facettes devient une métaphore qui permet d'explorer divers aspects de l'existence humaine. Taylor Swift souligne comment chacun de nous peut se sentir obligé d'adapter différentes facettes de soi-même pour s'adapter aux attentes des autres, que ce soit au travail, avec des amis ou en famille. Cette exigence constante de conformités peut s'avérer épuisante mais est souvent nécessaire pour correspondre aux attentes de la société. Elle s'en sert aussi pour décrire des personnes qui, même brisées, continuent de briller malgré leurs blessures :

"Shimmering beautiful,
And when I break it's in a
million pieces"[1]

Toute une partie de la chanson aborde le fait d'être en constante adaptation avec son milieu, et d'avoir besoin de toujours essayer de trouver sa place. Elle explique : *"They are broken a million times and that's what makes them so shiny. We have people like that in society, too. They hang there and every time they break it entertains us.*[2]*"* Taylor Swift a développé différentes facettes pour constamment s'adapter et convenir à tout le monde. :

[1] Scintillante, magnifique et lorsque je me brise, c'est en un million de morceaux

[2] « Ils sont brisés des millions de fois et c'est ce qui les rend si brillants. Il y a aussi des gens comme ça dans la société. Ils sont là et chaque fois qu'ils se cassent, cela nous amuse. »

Taylor Swift
aux Golden Globes
(2020)

"I know they said the end is near
But I'm still on my tallest tiptoes
Spinning in my highest heels, love
Shining just for you"[1]

Ou encore :

"I want you to know
I'm a mirrorball
I can change everything about
me to fit in"[2]

La chanson illustre également le contexte personnel de Taylor Swift pendant le confinement, période où elle était artistiquement restreinte et craignait que cela ne freine sa carrière. "*Mirrorball*" exprime sa lutte continue pour plaire à ses fans et à l'industrie musicale, malgré les obstacles. Elle a d'ailleurs écrit cette chanson en apprenant que tous ses shows étaient annulés : "*It was like, 'I'm still on that tight rope, I'm still trying everything to keep you laughing at me.' So I am writing all this music, still trying. And I know I have an excuse to sit back and not do something, but I'm not. And I don't know why that is.*"[3]

La boule à facettes est en fait une métaphore pour définir la célébrité. Tout comme une boule à facettes brille intensément sous les projecteurs lors des fêtes, les célébrités attirent l'attention et divertissent le public. Cependant, lorsque les projecteurs s'éteignent, elles peuvent se sentir ignorées ou oubliées. Taylor Swift explique : « Ce n'est pas parce qu'il n'y a plus de lumière sur vous que vous ne brillez pas. C'est vrai que c'est une métaphore pour la célébrité mais elle concerne aussi beaucoup de gens. Tout le monde ressent le besoin de « performer » auprès de certaines personnes. »

[1] « Je sais qu'ils disent que la fin est proche Mais je suis toujours sur la pointe des pieds tournant sur mes talons les plus hauts, mon amour brillant juste pour toi »

[2] « Je veux que vous sachiez que je suis une boule de cristal et que je peux tout changer de moi pour m'adapter. »

[3] « Je suis toujours sur cette corde raide, j'essaie toujours de tout faire pour que vous ne vous moquiez pas de moi. Jécris donc toute cette musique, je continue quoi qu'il arrive. Je sais que j'ai des excuses pour m'asseoir et ne rien faire, mais je ne le fais pas. Et je ne sais pas pourquoi. »

"THIS IS ME TRYING"

Taylor Swift s'est inspirée de diverses histoires autour d'elle ainsi que de son propre état d'esprit entre 2016 et 2017, où elle ressentait une perte de confiance et un sentiment d'incapacité à apporter quelque chose aux autres. "*This Is Me Trying*" se fait l'écho d'une véritable crise existentielle, où la chanteuse se demande, si le bonheur et la reconnaissance sont accessibles sans se tourmenter l'esprit. Elle s'est particulièrement inspirée des personnes confrontées à des addictions, des problèmes de santé mentale, ou d'autres difficultés, avec la volonté de souligner des moments où la souffrance passe souvent inaperçue et est difficilement reconnue.

Dans le premier couplet, elle chante sur quelqu'un qui a échoué dans une relation amoureuse, cette personne regrette ses actions et se trouve au bord du précipice émotionnel. Malgré cela, cette personne fait le choix courageux de continuer à se battre :

"I've been having a hard time adjusting
I had the shiniest wheels,
now they're rusting
I didn't know if you'd care if I came back
I have a lot of regrets about that
Pulled the car off the road to the lookout
Could've followed my fears all the
way down
And maybe I don't quite know what to say
But I'm here in your doorway"[1]

Le deuxième couplet porte sur quelqu'un qui pensait être destiné à de grandes choses, mais qui se retrouve confronté à la réalité du monde du travail où les opportunités lui sont rares. Taylor critique un système éducatif qui lie souvent valeur et performances académiques, et aborde dans cette chanson l'alcoolisme comme véritable mal de société :

"I was so ahead of the curve, the curve
became a sphere.
Fell behind on my classmates,
and I ended up here
Pouring out my heart to a stranger
*But I didn't pour the whiskey"**[2]

"*This Is Me Trying*" plonge dans les aspects sombres et introspectifs de l'expérience humaine, et met en lumière la persévérance. C'est une chanson qui invite à réfléchir sur les luttes personnelles, sur les moyens de trouver de la force malgré les incertitudes de la vie.

[1] J'ai eu du mal à m'ajuster. J'ai eu les roues les plus brillantes, maintenant elles sont rouillées. Je ne savais pas si ça te tenait à coeur que je revienne ou pas. J'ai beaucoup de regrets à ce propos. J'ai garé la voiture près du poste d'observation. J'aurai pu suivre mes peurs tout le long et peut-être que ie ne sais pas vraiment quoi dire. Mais je suis là sur le seuil de ta porte.

[2] J'ai tellement anticipé le virage que le virage est devenu une sphère.
J'ai pris du retard sur tous mes camarades de classe, et j'ai fini ici
Déversant ce que j'ai sur le cœur à un inconnu mais je n'ai pas versé le whisky.

"THE LAKES"

UNE INTRODUCTION À LA POÉSIE

Cette chanson était en quelque sorte la pièce manquante du puzzle. Si "*hoax*" semblait offrir une belle conclusion à folklore, quelques semaines plus tard après la sortie de l'album, Taylor Swift a sorti une dernière chanson. Avec ce morceau final, elle voulait montrer que d'autres personnes ressentent le besoin de s'enfuir, de se sentir protégées et aimées, et de faire face à leurs démons... "*The lakes*" est sortie le 20 août 2020 en tant que chanson bonus de l'album folklore.

Pour mieux comprendre le style d'écriture de cette chanson, il faut faire une parenthèse sur la poésie romantique : un mouvement artistique qui naît au début du XVIIIe siècle en Angleterre et en Allemagne et qui se développe par la suite en Occident, centré sur l'individu, le culte du moi, la nature et l'expression des sentiments. Il s'oppose au mouvement précédent, celui du classicisme du siècle des Lumières, caractérisé par la raison et la science. Ce mouvement a été porté par de nombreux artistes, en Angleterre par le poète Lord Byron, en Allemagne par Novalis ou Ludwig Tieck, en France par Lamartine ou encore Victor Hugo.

Aujourd'hui, la sensibilité est souvent perçue comme la capacité à exprimer ses émotions, mais c'est avant tout l'intensité des émotions telles que la mélancolie et la passion qui sont au cœur du romantisme. Libérer ces émotions avait un aspect cathartique profond.

William Wordsworth, poète majeur du romantisme, a beaucoup inspiré Taylor Swift. Au début du XIXe siècle Wordsworth et d'autres poètes, dont Robert Southey et Samuel Taylor Coleridge, s'étaient retirés dans le Lake District, à Grasmere, près du lac Windermere. Ils sont devenus alors les « Poètes du Lake » (*Lake District Poets*). Taylor Swift a voyagé avec Joe Alwyn quelques années auparavant dans cette région, ce qui lui a inspiré la chanson : « Nous étions allés dans le Lake District en Angleterre il y a quelques années. Au XIXe siècle, de nombreux poètes comme William Wordsworth et John Keats y passaient beaucoup de temps. C'était une région prisée des poètes, ces artistes y élisaient domicile. Ils étaient critiqués et ridiculisés pour être ces excentriques, ces artistes étranges qui avaient décidé de vivre là-bas. »

"IS IT ROMANTIC HOW ALL MY ELEGIES EULOGIZE ME?"[1]

Une élégie est un poème lyrique, souvent mélancolique. Cette référence aux «élégies» pourrait bien se rapporter aux chansons de Taylor Swift sur ses ruptures. En effet, si ses amours perdues ont toujours fait partie de son œuvre, elles peuvent aussi la définir de manière réductrice, ce que les médias ont eu tendance à faire pendant sa carrière. Elle exprime ainsi son souhait de ne pas vouloir seulement être reconnue à travers ses chansons pop de rupture.

Le refrain évoque les fameux lacs :

"Take me to the lakes where all the poets went to die..."[2]

Taylor Swift ne veut pas appartenir au monde superficiel qu'elle décrit dans les premières paroles, mais dans un lieu où elle se sent à sa place, où l'art a une place centrale, où d'autres âmes créatrices se sont réunies, même si cela suscite en elle des émotions profondes. Le deuxième couplet critique la célébrité :

"What should be over burrowed under my skin... In heart-stopping waves of hurt. I've come too far to watch some name dropping sleaze...
Tell me what are my words worth?"[3]

S'inquiéter du rapport qu'ont les gens à sa musique devrait être terminé mais provoque encore des sentiments douloureux, tout comme la manière dont certains exploitent son nom. Elle interroge la véritable valeur de son travail de chanteuse et de compositrice.
À la fin de la chanson, Taylor Swift fait l'éloge magnifique de la nature qui l'entoure, préférant de loin ce décor authentique aux contraintes de la technologie, des médias, de la célébrité et de la surinformation qui ont envahi sa vie depuis des années :

"I want auroras and sad prose (...)
A red rose grew up out of
ice frozen ground
With no one around to tweet it"[4]

folklore marque un virage significatif dans le style musical et narratif de Taylor Swift, il incarne l'art de raconter, captive les auditeurs avec ses récits touchants et ses mélodies enveloppantes, tout en affirmant la position de Taylor comme une artiste capable de repousser les limites créatives et émotionnelles.

[1] Est-ce romantique la manière dont mes élégies font l'éloge de ma personne?

[2] «Emmène-moi aux lacs où tous les poètes sont venus mourir.»

[3] Ce qui devrait être terminé s'est enfoui sous ma peau. En vagues de douleur pétrifiantes. J'ai fait trop de chemin pour regarder. des ordures balançant des noms de personnalités Me dire ce que ma parole vaut

[4] Je veux des aurores et de la prose mélancolique (...) Une rose rouge a grandi sur de la terre gelée de glace. Sans personne autour pour tweeter à son sujet

EVERMORE
LA PETITE SOEUR DE FOLKLORE

Le 10 décembre 2020 c'est-à-dire 4 mois et 17 jours après la sortie de folklore, Taylor Swift annonce evermore son 9e album studio. Le contexte de création d'evermore est très simple : Taylor Swift et son équipe n'ont pas cessé d'écrire des chansons depuis la fin du dernier album. Comme elle le dit elle-même dans le post Instagram qui annonce l'album : "*It feels like we were standing on the edge of the folklorian woods and had a choice : to turn and go back or to travel further into the forest of this music. We choose to wander deeper in.*"* C'est du jamais vu. Taylor Swift semble libérée artistiquement et en paix avec son passé. Elle s'est servie de tout ce qui lui est arrivé pour devenir plus forte que jamais.

evermore se développe comme une *Era* remplie de mystère et de magie. Les chansons continuent d'être aussi poétiques que dans folklore tout en abordant des émotions bien plus sombres.

*C'est comme si nous nous tenions à l'orée de la forêt folklorique et que nous avions le choix : faire demi-tour ou voyager plus loin dans la forêt de cette musique. Nous avons choisi d'y pénétrer plus profondément.

DES HISTOIRES D'AMOUR COMPLEXES

"CHAMPAGNE PROBLEMS"

Dans cet album, c'est la chanson préférée des fans. Bien qu'**evermore** soit généralement moins populaire que son prédécesseur, il a séduit grâce à cette magnifique ballade.

Le titre, *"champagne problems"* est une expression anglaise désignant des préoccupations ou dilemmes considérés comme relativement mineurs ou superficiels par rapport à des problèmes plus sérieux. Taylor Swift imagine cette chanson comme l'histoire de « deux amoureux de longue date, l'un prévoyant de mettre fin à leur relation, l'autre apportant une bague. »

Écrite par Taylor Swift et Joe Alwyn (sous le pseudonyme de William Bowery), cette chanson raconte l'histoire d'une femme troublée par des problèmes de santé mentale, qui rejette la demande en mariage de son petit ami. Elle ne se sent pas prête à s'engager, assume toute la responsabilité de la rupture puis en fait le deuil. Beaucoup d'auditeurs se sont demandé s'il y avait un lien autobiographique entre cette femme et Taylor Swift, notamment après la sortie de *"You're Losing Me,"* (**Midnights**) où Taylor Swift chante : *"I wouldn't marry me either."*[1] Taylor Swift a cependant clarifié que tout allait bien entre elle et Joe à ce moment-là. Elle explique que la musique les a toujours unis, et qu'ils aiment écrire des chansons tristes ensemble.

On comprend ensuite que les "*champagne problems*" ne concernent pas seulement le rejet de la demande en mariage, mais surtout les problèmes de santé mentale de cette jeune femme, qui ne sont pas pris au sérieux.

En ce qui concerne les paroles du pont, Taylor Swift utilise une formulation très intéressante : "*one for the money, two for the show, I was never ready so I watch you go.*"[2] L'expression originale est "*one for the money, two for the show, three to make ready and four to go*"[3]. Taylor Swift modifie les deux dernières phrases de cette expression pour signifier qu'elle n'a jamais été prête à partir, mais qu'elle a laissé la personne qu'elle aimait s'en aller.

[1] « Je ne marierais pas non plus »
[2] « un pour l'argent, deux pour le spectacle, je n'ai jamais été prête alors je te regarde partir »
[3] « un pour l'argent, deux pour le spectacle, trois pour se préparer et quatre pour partir »

"IVY"

Cette chanson décrit la liaison d'une femme mariée qui s'éprend d'un·e amant·e, mais les deux savent qu'ils n'auront pas de fin heureuse. Une théorie suggère que Taylor s'est inspirée de la poétesse Emily Dickinson, l'une des figures les plus célèbres et influentes de la poésie américaine. Un petit point sur sa vie : Emily avait une meilleure amie nommée Susan Gilbert, qu'elle connaissait depuis l'enfance. Susan a épousé le frère d'Emily, elles sont donc devenues belles-sœurs. Leur amitié était très forte, mais il est apparu plus tard qu'elles auraient peut-être entretenu une liaison secrète pendant des années. De nombreux poèmes d'Emily font référence à Susan, et de nombreuses adaptations cinématographiques ou télévisées mettent en scène la potentielle relation amoureuse des deux femmes

À la lumière de cette histoire, des paroles telles que "*What would he do if he found us out?*[1]" prennent une tout autre dimension, car il ne s'agirait pas seulement de la découverte d'un adultère, mais de l'exposition d'une relation lesbienne, inacceptable à l'époque.

Ce qui renforce cette théorie, c'est que l'identité de l'amant n'est jamais genrée dans la chanson, ce qui pourrait signifier qu'il est crucial de cacher qu'il s'agit d'une femme.

Taylor utilise plusieurs métaphores dans cette chanson : notamment la métaphore du lierre ("*ivy*") qui recouvre la maison du narrateur et qui symbolise la manière dont une personne peut envahir complètement les pensées.

"My house of stone, your ivy grows,
And now I'm covered in you"[2]

On voit également que la personne connaît les conséquences de cette infidélité qui semble passionnelle :

So yeah, it's a fire,
It's a goddamn blaze in the dark,
And you started it, You started it
So yeah, it's a war
It's the goddamn fight of my life
And you started it
You started it[3]

Ces paroles sont poignantes, car la personne sait que cette relation pourrait détruire son mariage et sa vie mais ne peut s'empêcher de continuer cet adultère.

[1] Que ferait-il s'il nous découvrait ?

[2] Ma maison de pierre, ton lierre grandit Et maintenant je suis couverte de toi

[3] Alors oui, c'est un incendie. C'est un foutu éclat dans la nuit. Et tu en es la cause
Tu en es la cause. Alors oui, c'est une guerre. C'est la foutue bataille de ma vie.
Et tu en es la cause. Tu en es la cause.

"MARJORIE"

C'est un morceau très spécial pour Taylor Swift. Il rend hommage à sa grand-mère, Marjorie Finley, une chanteuse d'opéra. Taylor était très proche de sa grand-mère, elle est décédée en 2003 lorsque Taylor avait 13 ans. Marjorie a énormément contribué au lancement de Taylor Swift dans la musique et l'a beaucoup soutenue. À la fin de la chanson, lorsque Taylor chante "*If I didn't know better/I'd think you were singing to me now*[1]", on entend la voix de Marjorie grâce à des enregistrements récupérés par la maman de Taylor. Taylor Swift lui a aussi rendu hommage en incluant la chanson dans la *setlist* de l'Eras Tour. Les paroles de la chanson transmettent certaines leçons de vie que sa grand-mère lui inculquait, comme "*Never be so kind, you forget to be clever/ Never be so clever, you forget to be kind.*[2]"

La chanson aborde aussi le chagrin et le deuil de Taylor vis-à-vis de sa grand-mère. Tout comme folklore est l'album sœur *d'evermore*, cette chanson a aussi une grande sœur : "*epiphany*" dans folklore. Cette dernière évoque le grand-père paternel de Taylor, Archie Dean Swift, et son expérience de combattant pendant la Seconde Guerre mondiale à Guadalcanal. Les deux chansons sont toutes deux à la treizième position de leur album respectif, un nombre important pour Taylor. Ces deux chansons très émouvantes prolongent la mémoire de ses grands-parents.

[1] Et si je ne faisais pas preuve de bon sens
Je penserais que tu étais en train de chanter pour moi en ce moment

[2] Ne sois jamais trop gentille
Au point d'oublier d'être intelligente
Ne sois jamais trop intelligente
Au point d'oublier d'être gentille

Taylor Swift
à la première de
Miss Americana (2020)

"CONEY ISLAND"

Cette chanson émouvante dépeint la séparation d'un couple et leurs souvenirs à Coney Island, à New York City. La chanson est en *featuring* avec le groupe The National, dont Taylor Swift est une grande fan. Aaron Dessner, membre de The National est aussi l'un des producteurs avec lesquels Taylor travaille le plus. Il a reçu plusieurs morceaux destinés à **evermore**, et la démo de "*coney Island*" lui a plu ainsi qu'à son frère. Tous deux ont trouvé que la voix du chanteur de The National, Matt Berninger, correspondrait bien avec la chanson.

Voici ce que Taylor dit sur le thème de la chanson : *"I think I might have been coming from a place of somebody who's been in a relationship for decades and wakes up one day and realizes that they've taken their partner completely for granted."*[1]

Le bridge de cette chanson est extrêmement intéressant parce qu'il contient beaucoup de références à des chansons de Taylor Swift :

- *"Were you standing in the hallway, with a big cake, happy birthday"*[2] évoque le 21e anniversaire de Taylor mentionné dans *"The Moment I Knew."*
- *"Did I paint your bluest skies the darkest grey a universe away?"*[3] *est une référence aux paroles de "Dear John" sur l'album* **Speak Now** *: "You paint me a blue sky, then go back and turn it to grey"*[4].
- *"And when I got into the accident, the sight that flashed before me was your face"*[5], *fait écho aux paroles de "Out of the Woods" : "Remember when you hit the brakes too soon? Twenty stitches in a hospital room"*[6].
- "*But when I walked up to the podium, I think that I forgot to say your name*"[7] peut faire référence aux Grammy Awards de 2016. Lors de la cérémonie où Taylor Swift a remporté le Grammy de l'album de l'année pour **1989**, elle n'a pas remercié Calvin Harris, son petit ami de l'époque. Dans le documentaire *Miss Americana*, elle avoue qu'elle n'avait personne avec qui partager cette joie et se sentait extrêmement seule à ce moment-là.

[1] Je pense que j'étais peut-être dans la peau de quelqu'un qui était dans une relation depuis des décennies et qui s'est réveillée un jour en réalisant qu'il a pris son partenaire pour acquis.

[2] Te tenais-tu dans l'entrée avec un gros gâteau, joyeux anniversaire.

[3] Ai-je peint tes ciels les plus bleus du gris le plus sombre ?

[4] Tu m'as peint un ciel bleu et revenu en arrière, tu l'as changé en pluie.

[5] Et quand je me suis retrouvée dans l'accident, la vue qui m'est apparue était ton visage.

[6] Souviens-toi quand tu as appuyé sur la pédale de frein trop tôt, vingt points de sutures dans une chambre d'hôpital

[7] Mais quand j'ai grimpé sur le podium, je crois que j'ai oublié de dire ton nom.

MIDNIGHTS ET LES CONFESSIONS NOCTURNES DE TAYLOR

L'album **Midnights** s'est construit autour d'une question centrale : qu'est-ce qui nous empêche de dormir la nuit ? Cet album concept explore, à travers treize chansons, les pensées qui nous envahissent le soir. Taylor Swift nous parle des regrets qui la rongent, de ce qu'on aurait pu mieux faire, de la culpabilité, mais aussi de la confiance en soi débordante et des rêves trop grands. Elle confronte ses fantômes du passé, car l'adulte qu'elle est aujourd'hui reste profondément liée à l'adolescente qu'elle était, malgré ses efforts pour s'en détacher.

L'annonce de cet album a surpris tout le monde. Le 28 août 2022, lors de la cérémonie des MTV Video Music Awards, Taylor monte sur scène pour recevoir le prix de la Vidéo de l'année pour *All Too Well: The Short Film*. Pendant son discours, elle annonce la sortie de son prochain album, prévu le 21 octobre 2022. Un compte à rebours se déclenche alors sur son site, accompagné de la phrase "*meet me at midnight.*" À minuit, elle dévoile officiellement le titre de son dixième album : **Midnights**. Une collection de treize nuits blanches qu'elle a faites, entre cauchemars et doux rêves.

Pourquoi ce titre ? Taylor Swift a souvent mentionné ces heures au milieu de la nuit dans ses chansons, car elle pense que c'est là que nous sommes le plus vulnérable et isolé, seuls avec nos pensées. Elle confie écrire beaucoup de ses chansons en plein milieu de la nuit. Cette fois-ci, elle a voulu en faire un concept entier, rassemblant une gamme d'émotions et de réflexions qui lui traversent l'esprit dans ces moments-là. **Midnights** explore ces heures passées au clair de lune à pleurer, se battre, danser, boire et s'embrasser, et capture ainsi toute la complexité des nuits blanches.

Les premières chansons écrites pour **Midnights** ont été "*Would've, Could've, Should've*" et "*High Infidelity*". Taylor a collaboré avec Aaron Dessner en mars 2021, alors qu'ils étaient tous deux à Los Angeles pour la cérémonie des Grammy Awards. Ensemble, ils ont produit plusieurs morceaux de l'album : "*Would've, Could've, Should've*", "*High Infidelity*", "*The Great War*", et "*Hits Different*". Le reste de l'album a été produit par Jack Antonoff. Taylor Swift a déclaré : « Jack et moi nous sommes retrouvés à New York, seuls, avons enregistré chaque nuit, veillant tard et explorant de vieux souvenirs de nos nuits passées. » Ils ont coécrit onze des treize chansons de la version standard. Taylor a écrit "*Vigilante Shit*" seule et "*Sweet Nothing*" avec Joe Alwyn, toujours crédité sous le pseudonyme de William Bowery.

Fidèle à son habitude de surprendre ses fans, Taylor a dévoilé **Midnights (3am Edition)** trois heures après la sortie de l'album original, il comporte 7 titres supplémentaires. Pour elle, ces chansons complètent le processus créatif de l'album.

Selon Taylor Swift, **Midnights** s'articule autour de cinq thèmes principaux : la haine de soi, les fantasmes de vengeance, les regrets de ce qui aurait pu être, tomber amoureux et se briser. Cet album conceptuel se concentre sur la réflexion plutôt que sur la réinvention.

Explorons comment ces thèmes se manifestent dans les chansons !

"ANTI-HERO"

C'est l'une des chansons préférées de Taylor Swift, inspirée par ses cauchemars, ses peurs et son anxiété. Elle se livre profondément dans ce morceau : « Cette chanson est une visite guidée de toutes les choses que j'ai tendance à détester chez moi. » Ce rejet, à la limite du dégoût, est un thème central de **Midnights**. Cette chanson reflète les parties les plus sombres de l'esprit lorsqu'au milieu de la nuit l'on devient son pire ennemi. Fait intéressant, elle a été choisie comme le *lead single* de l'album, malgré ses thèmes sombres.

"YOU'RE ON YOUR OWN KID"

"*You're on Your Own, Kid*" a su conquérir le cœur des fans de la même manière que "*Long Live*" l'avait fait lors de la sortie de Speak Now. C'est le genre de chanson qu'on rêverait d'entendre en *surprise song* au Eras Tour. Ce morceau témoigne de la prise de recul de Taylor Swift sur ses débuts de carrière et son adolescence dans la ville où elle a grandi.

Dans le premier couplet, elle fait référence aux garçons qu'elle a aimés et pour qui elle s'est beaucoup investie. Cela peut faire écho à des chansons comme "*Tim McGraw*", "*Should've Said No*", "*White Horse*"... À l'étape où elle est encore jeune et pleine de rêves. Elle se sent coincée : "*I didn't choose this town, I dream of getting out.*"[1]

Ensuite, elle se concentre de plus en plus sur sa carrière musicale en disant : "*I picked the petals, he loves me not, Something different bloomed, writing in my room.*"[2] Mais plus la chanson avance, plus on peut sentir ce que sa célébrité et son rêve lui ont coûté. Taylor Swift s'est sentie seule. Elle déclare dans le prologue de l'album : "*Why can't you sleep? [...] Was tonight the night you realized how solitary, how alone you really are, no matter how high you climb. The elevation just makes it colder.*"[3] Décryptons la chanson d'un peu plus près :

- Le bridge de la chanson évoque toutes les choses que Taylor Swift a réalisées en atteignant le succès qu'elle désirait.

"*From sprinkler splashes to fireplace ashes, I gave my blood, sweat, and tears for this.*"[4]

- Elle fait référence à ses débuts, où elle a tout donné avec une détermination inébranlable. Le "*this*" (« ça ») représente sa carrière musicale, pour laquelle elle s'est investie corps et âme depuis son plus jeune âge.

"*I hosted parties and starved my body, Like I'd be saved by a perfect kiss.*"[5]

Cette partie évoque plutôt l'ère de 1989, où, comme elle le révèle dans son documentaire *Miss Americana*, Taylor souffrait de troubles alimentaires et se privait pour être plus mince. Elle fait aussi référence au *slut-shaming* qu'elle a subi tout au long de sa carrière. Elle pensait que ses histoires d'amour pouvaient la sauver.

[1] Je n'ai pas choisi cette ville, je rêve d'en sortir

[2] J'ai cueilli les pétales, il ne m'aime pas Quelque chose de différent a fleuri, j'écris dans ma chambre

[3] Pourquoi ne pouvez-vous pas dormir ? Est-ce que c'est ce soir que tu as réalisé à quel point tu es solitaire à quel point tu es seul, quelle que soit l'altitude à laquelle tu grimpes. L'altitude ne fait qu'accentuer le froid.

[4] Des éclaboussures de l'arroseur aux cendres de la cheminée. J'ai donné mon sang, ma sueur et mes larmes pour ça

[5] J'ai organisé des fêtes et affamé mon corps. Comme si j'allais être sauvée par un baiser parfait.

"*The jokes weren't funny, I took the money*"[1] fait référence à l'ère de **reputation**, où Taylor a préféré disparaître sous les attaques médiatiques incessantes.

"*My friends from home don't know what to say, I looked around in a blood-soaked gown*"[2] est une référence à la scène emblématique de *Carrie* de Stephen King. Par cette métaphore, Taylor Swift illustre la trahison de ses proches au sommet de sa carrière, se comparant à Carrie, humiliée après être couronnée reine du bal.

"*And I saw something they can't take away*"[3] renvoie à **Lover**, où Taylor a trouvé l'amour après les turbulences de 2016, une paisibilité personnelle que personne ne peut lui enlever.

"*'Cause there were pages turned, With the bridges burned*"[4] représentent l'ère **folklore**, et marquent un renouveau complet dans sa carrière. Taylor a pris son indépendance musicale, explorant un nouveau genre.

"*Everything you lose is a step you take*" est une phrase pleine de maturité qui incarne l'ère **evermore**. Taylor Swift continue de s'épanouir et accepte de laisser le passé derrière avec une sérénité renouvelée.

"So make the friendship bracelets,
Take the moment and taste it
You got no reason to be afraid"[5]

La fin du dernier couplet montre que Taylor s'est enfin trouvée. Elle a exorcisé ses peurs et insécurités passées, et atteint une étape de sa carrière dont elle a toujours rêvé.

Ces interprétations sont les théories des fans les plus abouties, chacun·e peut y trouver sa propre signification.

[1] Les blagues n'étaient pas drôles, j'ai pris l'argent

[2] Mes amis de la maison ne savent pas quoi dire. J'ai regardé autour de moi dans une blouse pleine de sang

[3] Et j'ai vu quelque chose que l'on ne peut pas m'enlever

[4] Parce qu'il y avait des pages tournées
Avec des ponts brûlés

[5] Alors fais le bracelet de l'amitié
Prends le temps et savoure-le
Tu n'as aucune raison d'avoir peur

"MAROON"

Taylor Swift aime utiliser la synesthésie dans ses chansons. Par exemple, elle cite des couleurs pour parler de ses relations.

Dans "*Red*", elle dit "*loving him was red*"[1], et dans "*Daylight*", elle chante "*it's golden like daylight*"[2].

Dans la chanson en question, Taylor utilise le *maroon* (bordeaux) comme couleur métaphorique pour décrire une relation amoureuse passionnée, intense et fusionnelle, qui s'est auto-détruite, en dépeignant ses aspects sombres tout au long de la chanson.

Dans le premier couplet, Taylor Swift décrit un moment où tout va bien : "*Cause we lost track of time again/ Laughing with my feet in your lap/ Like you were my closest friend*"[3]. Ce moment de bonheur contraste avec le refrain où elle utilise le vin comme métaphore, un thème récurrent dans sa discographie (par exemple, dans "*Clean*", "*False God*", et "*August*"). Le vin symbolise pour elle la dévotion et l'empreinte indélébile qu'une personne peut laisser dans ta vie, de la même manière qu'une tache de vin sur un tee-shirt.

Dans le refrain, "*the rust that grew between telephones*"[4], indique que la relation est passée et qu'elle n'a plus de contact avec cette personne. Elle ajoute "The lips I used to call home"[5], confirmant la fin de la relation.

Une phrase particulièrement marquante est : "Carnations you had thought were roses, that's us"[6]. Les œillets (*carnations*) ressemblent beaucoup aux roses, et la personne à qui Taylor Swift s'adresse pensait que ces fleurs représentaient bien leur amour. Se servir d'une image comme les «œillets» plutôt que les «roses» permet d'exprimer la désillusion, car les œillets n'ont pas le romantisme des roses.

Pour Taylor, cela signifie croire en une relation idéale symbolisée par un amour intense qui, en réalité, ne l'est pas du tout.

Avec **Midnights**, Taylor Swift retrouve son expertise dans la pop qu'elle a développée au fil des années, tout en conservant son style d'écriture remarquable. Mais **Midnights**, ce n'est pas seulement ça : c'est aussi une exploration audacieuse des nuits blanches et des pensées nocturnes, un voyage émotionnel qui présente une Taylor Swift à la fois familière et nouvelle.

[1] L'aimer était rouge

[2] C'est doré comme la lumière du jour

[3] Parce qu'on a encore perdu la notion du temps. Riant avec mes pieds sur tes genoux Comme si tu étais mon meilleur ami

[4] la rouille qui a poussé entre les téléphones

[5] Les lèvres que j'avais l'habitude d'appeler miennes

[6] Des oeillets, que tu pensais être des roses, c'est nous

THE TORTURED POETS DEPARTMENT

UNE SURPRISE INATTENDUE

Le 5 février 2024, Taylor Swift a joué un tour à tout le monde. Elle adore jouer avec les *easter eggs (voir partie consacrée p.93)*, et ce soir-là, juste avant les Grammy Awards, elle a changé sa photo de profil en noir et blanc. À ce moment-là, tout le monde s'attendait à ce qu'elle annonce enfin le réenregistrement de **reputation**, dont la nouvelle version de l'album est très attendue par ses fans. Le site web de Taylor Swift a également eu des problèmes techniques, affichant un code d'état « HTTP 321 », qui n'existe pas, et un message d'erreur "*hneriergrd*", que les fans ont rapidement décodé comme étant une anagramme de "*red herring*" (hareng rouge). Ils ont même analysé le code source de son site web et ont découvert des mots cachés dans une langue étrangère, qu'ils ont traduits en anglais pour finalement découvrir des extraits de la note manuscrite de Taylor pour l'album.

La surprise a été totale lorsque Taylor a finalement annoncé son onzième album, **The Tortured Poets Department**, lors de la cérémonie des Grammy Awards où elle recevait le prix du "*Best Pop Vocal Album*" pour **Midnights**. Elle a révélé que ce projet secret était en préparation depuis deux ans, débuté juste après la finalisation de **Midnights**.

Cette annonce a provoqué un débat animé parmi les fans comme dans l'opinion publique. À ce moment, certains reprochent à Taylor Swift de produire trop de musique, il est vrai que depuis 2019, Taylor a sorti cinq albums : **Lover** (2019), **folklore** (juillet 2020), **evermore** (décembre 2020), **Midnights** (2022) et **The Tortured Poets Department** (2024), en plus de quatre réenregistrements : **Fearless** *(Taylor's Version)* et **Red** *(Taylor's Version)* en 2021, puis **Speak Now** *(Taylor's Version)* et **1989** *(Taylor's Version)* en 2023.

I love you

Taylor a répondu aux questions sur sa production prolifique pendant ses concerts du Eras Tour au Japon : "*Everyone's like, 'Why do you make so many albums?' I'm like, 'Man, because I love it! I love it so much!*"[1]. La passion de Taylor Swift pour la musique est authentique et elle la nourrit profondément, comme elle l'affirme en parlant de son dernier album : "*I needed to make it. It was really a lifeline for me, just the things I was going through, and the things I was writing about.*"[2]

The Tortured Poets Department est décrit comme un album dédié aux fans qui apprécient avant tout l'écriture de Taylor Swift. C'est comme si cet album était la fusion des styles de **folklore**, **evermore** et **Midnights**, et formait une œuvre puissante tant par ses paroles que par sa musique. Dans son annonce sur Instagram, Taylor Swift explique que cet album reflète « des événements, des opinions et des sentiments d'un moment fugace et fataliste, à la fois sensationnel et douloureux. » Elle ajoute que cette période de sa vie est terminée, le chapitre est clos et les blessures cicatrisées.

The Tortured Poets Department met un point final à de nombreuses vieilles histoires que Taylor Swift traînait depuis trop longtemps. Cet album représente une thérapie, surtout un an après sa rupture avec Joe Alwyn, avec qui elle a partagé près de six ans de sa vie.

À l'image de **Midnights**, Taylor réserve une surprise avec cet album. Deux heures après sa sortie, elle dévoile une suite qui comprend 15 chansons supplémentaires, sous le nom **The Tortured Poets Department: *The Anthology***, sortant au total 31 chansons.

[1] « Tout le monde se demande pourquoi vous faites autant d'albums. Je réponds : Parce que j'aime ça ! J'adore tellement ! »

[2] J'avais besoin de le faire. C'était vraiment une bouée de sauvetage pour moi, rien qu'avec les choses que je traversais et celles sur lesquelles j'écrivais

LA SUITE DIRECTE DE MIDNIGHTS

"FORTNIGHT"

Saviez-vous que "*Fortnight*" n'est peut-être pas la première chanson de **The Tortured Poets Department**, mais plutôt la dernière de **Midnights** ? C'est du moins ce que suppose une théorie intéressante.

Pour comprendre cela, examinons les paroles de fin de "*Hits Different*", dernière chanson de **Midnights** :

"I heard your key turn in the door
down the hallway
Is that your key in the door?
Is it okay?
Is it you?
Or have they come to take me away?"[1]

Maintenant, regardons le début de "*Fortnight*" :

"I was supposed to be sent away but they forgot to come and get me"[2]

Si on met en lien ces paroles et le trailer publié sur le compte Instagram de Taylor Swift pour la sortie de **TTPD** (**The Tortured Poets Department**), le sens de "*sent away*" peut être interprété comme un envoi dans un asile ou un hôpital psychiatrique. Le fameux trailer montre d'ailleurs des images de transition : on passe d'une pièce dans le style de l'album **Midnights** à un long couloir blanc avec une porte sur laquelle est marquée **The Tortured Poets Department**, qui semble se trouver dans un cadre hospitalier. "*Fortnight*" était initialement prévue pour marquer la transition d'une ère à une autre.

Ce n'est pas tout : "*Fortnight*" signifie « quatorze jours », soit deux semaines. Il dérive du terme anglais ancien «fēowertīene», qui signifie «quatorze nuits». Rappelez-vous que l'histoire de **Midnights** se déroule sur 13 nuits. Ainsi, "*Fortnight*" représente la 14e nuit, celle qui conclut la série des insomnies et introspections nocturnes. La deuxième chanson de **TTPD** s'intitule justement "*The Tortured Poets Department*". C'est donc à partir de cette chanson que l'album démarre vraiment.

[1] J'ai entendu ta clef tourner dans la porte. Dans le couloir. Est-ce ta clef dans la porte ? Est-ce que ça va ? Est-ce toi ? Ou alors sont-ils venus pour m'emmener ?

[2] Je devais être renvoyée mais ils ont oublié de venir me chercher

De manière fataliste dans "*Fortnight*", Taylor Swift raconte une relation passionnelle condamnée à l'échec, et explore le fardeau quotidien de vivre en pleine connaissance de l'impasse de la situation. Les métaphores, notamment celles liées à l'alcool au début de la chanson, illustrent cette lutte :

"I was a functioning alcoholic,
'Til nobody noticed my new aesthetic"[1]

L'alcoolisme semblait être un élément central de la vie quotidienne de la chanteuse, à tel point que cela devenait presque une esthétique, qui faisait partie d'elle. Dans le refrain, elle exprime l'empreinte durable de cette rupture qui la ronge :

"And for a fortnight we were forever
Run into you sometimes, ask about the weather
Now you're in my backyard, turned into good neighbors"[2]

Les références au jardin et aux voisins sont métaphoriques : la personne est si présente dans son esprit qu'elle est comme un voisin, omniprésente même dans son jardin mental.

[1] J'étais une alcoolique fonctionnelle jusqu'à ce que personne ne remarque mon nouveau style

[2] Et pour une quinzaine de jours. Nous courions toujours. Jusqu'à ce que tu me parles parfois de la météo. Maintenant tu es dans mon jardin. De bons voisins…

Lana Del Rey et Taylor Swift, Grammy Awards 2024

LE POINT FINAL D'UNE HISTOIRE

SO LONG, LONDON

Lorsque la *tracklist* de l'album a été dévoilée, une chanson a immédiatement capté l'attention des fans : "*So Long, London*", positionnée en cinquième place. Pourquoi Londres ? Joe Alwyn, l'ex-petit ami de Taylor, en est originaire. En 2016, lorsque Taylor Swift s'est retirée des projecteurs, le couple a passé le début de leur relation dans cette ville, qui est devenue un symbole de bonheur pour elle.

L'introduction de "*So Long, London*", s'ouvre sur la voix de Taylor Swift en canon qui répète le titre de la chanson, rappelant un tintement de cloches (écho à Big Ben ?). De nombreux fans ont noté une similitude instrumentale avec "*Call It What You Want*", une chanson de l'ère **reputation** qui évoquait déjà son histoire avec Joe. Taylor Swift voit peu à peu l'espoir de la suite s'évanouir progressivement et s'investit profondément, assumant le poids de maintenir leur lien malgré tout :

"My spine split from carrying us up the hill Wet through my clothes, weary bones caught the chill".[1]

Dans le deuxième couplet, elle exprime une douleur poignante :

"I stopped CPR, after all it's no use, The spirit was gone, we would never come to,And I'm pissed off you let me give you all that youth for free.[2]*"*

L'image de la réanimation qui n'aboutit pas souligne un amour à l'agonie et une relation qui finit par s'éteindre. Après six années, elle constate les dégâts et exprime la frustration que tant d'années de jeunesse aient été sacrifiées dans l'effort sans retour significatif.

"And you say I abandoned the ship, But I was going down with it.[3]*"*

Elle a lutté si intensément pour maintenir cette relation à flots, jusqu'à rester à bord du navire même quand il sombrait, sans prendre conscience que lorsque la relation a coulé, elle était déjà en train de sombrer avec.

"You swore that you loved me but where were the clues? I died on the altar waiting for the proof. You sacrificed us to the gods of your bluest days. And I'm just getting color back into my face. I'm just mad as hell 'cause I loved this place[4]*"*

[1] Ma colonne vertébrale s'est brisée à force de nous porter en haut de la colline. Mouillée à travers mes vêtements, mes os fatigués ont attrapé froid

[2] J'ai arrêté le massage cardiaque, après tout, ça ne sert à rien. L'esprit était parti, nous ne viendrons pas non plus. Et je suis agacée que tu m'aies laisse te donner toute cette jeunesse gratuitement

[3] Et tu dis que j'ai abandonné le bateau mais je coulais avec lui

[4] Tu jurais que tu m'aimais mais où étaient les indices ? Je suis morte sur l'autel en attendant les preuves. Tu nous as sacrifiés aux dieux de tes jours les plus bleus. Et je reprends tout juste de la couleur sur mon visage. Et je suis simplement furieuse parce que j'adorais cet endroit

Le désespoir et le sentiment de sacrifice de Taylor sont palpables. Son partenaire n'a pas pris la mesure de ses efforts. Elle fait par ailleurs référence à une autre chanson de l'album Lover, "*Daylight*", ou elle chantait "*I once believed love would be burning red, but it's golden like daylight*"[5]. "*So Long, London*" révèle que même sa relation avec Joe a perdu de sa couleur, et que si elle retrouve la lumière, c'est par elle-même.

[5] Je croyais autrefois l'amour (Rouge brûlant). Mais il est doré comme la lumière du jour

LOML

Un grand mystère s'est posé lorsque la tracklist a été dévoilée. L'acronyme *loml* est habituellement utilisé pour la locution "*love of my life*" (l'amour de ma vie). Cependant, de nombreux fans n'en étaient pas certains pour la chanson. Quel intérêt de l'acronyme sinon ? Était-ce vraiment "*love of my life*", "*lessons of my life*" (les leçons de ma vie), ou encore "*loss of my life*" (la perte de ma vie) ? Joe Alwyn est aussi au centre de cette chanson, qui aborde comme "*So Long, London*" la perte d'une relation. Dans le premier couplet, Taylor Swift est pleine d'espoir, mais elle voit les fissures apparaître. La relation était d'abord remplie d'amour, destinée à être grandiose :

"I felt aglow like this never before and never since. If you know it in one glimpse, it's legendary You and I go from one kiss to getting married"[1]

Mais tout devient une réalité douloureuse, impossible à sauver : *"Still alive, killing time at the cemetery Never quite buried"*[2] Répétées, les paroles *"you told me I'm the love of your life*[3]*"* deviennent accusation et lamentation. L'idéalisation de la situation devient une trahison quand la prise de conscience apparaît : elle n'est pas l'amour de sa vie.

Le pont met en avant une perte irréversible caractérisée par l'adverbe « presque » et l'utilisation du passé. Taylor Swift se souvient non pas de ce qu'ils ont eu, mais de tout ce qu'ils auraient pu avoir, à quel point ils étaient proches :

"You shit-talked me under the table
Talking rings and talking cradles
I wish I could un-recall
How we almost had it all"[4]

La chanson se clôt sur la prise de conscience de la réalité de leur situation, toutes ses illusions s'effacent. Le royal rugissement du début se transforme en un pathétique au revoir :

"Oh, what a valiant roar
What a bland goodbye
The coward claimed he was a lion"[5]

Le héros est en réalité un lâche qui ne s'est jamais battu. Le couperet tombe, la désillusion se révèle dans la signification de l'acronyme :

"Our field of dreams, engulfed in fire
Your arson matches your somber eyes And
I'll still see it until I die
You're the loss of my life"[6]

C'est un "*loss of my life*" fataliste qui résonne : leur relation est perdue à jamais.

[1] J'ai ressenti une lueur comme celle-ci, mais jamais avant et jamais depuis. Si vous le savez juste en ayant un aperçu, c'est légendaire. Toi et moi allons d'un baiser à se marier

[2] Toujours vivants, tuant notre temps au cimetière Jamais vraiment enterrés

[3] Tu m'as dit, je suis l'amour de ta vie

[4] Tu m'as dit des conneries sous la table en me parlant d'anneaux et de berceaux J'aimerais pouvoir oublier comme nous avions presque tout possédé

[5] Oh, quel vaillant rugissement. Quel fade adieu. Le lâche clamait qu'il était un lion

[6] Un champ de rêves dévasté par un incendie. Ton allumette criminelle, tes yeux sombres. Et je le verrai pour toujours jusqu'à ce que je repose à jamais. Tu es la perte de ma vie

LE SAVIEZ-VOUS ?

"SO HIGH SCHOOL"

Alors que la chanson "*The Tortured Poets Department*" aborde principalement le thème du chagrin d'amour, "*So High School*" se concentre sur une romance adolescente joyeuse, et transporte l'auditeur dans une époque fleur-bleue, celle de nos 16 ans. La chanson regorge de références à des moments emblématiques de la jeunesse dont voici quelques exemples : "*I'm watching American Pie with you on a Saturday night*"[1], "*Truth, dare, spin, bottle*"[2] et "*Touch me while your bros play Grand Theft Auto*"[3]. Elle mentionne également un jeu populaire parmi les adolescents : "*marry, kiss or kill*"[4]. Ces paroles semblent liées à son copain actuel, Travis Kelce.

[1] Je regarde *American Pie* avec toi un samedi soir

[2] Action, vérité, le jeu de la bouteille

[3] Touche-moi alors que tes potes jouent à *Grand Theft Auto*

En effet, quand leur relation a fait les gros titres, une interview de Kelce dans son émission de télé-réalité "*Catching Kelce*" a refait surface (2016). Dans la vidéo postée par AfterBuzz TV, Travis Kelce est invité à jouer à « se marier, embrasser ou tuer » avec comme choix Ariana Grande, Taylor Swift ou Katy Perry. Après quelques hésitations, l'intervieweur lui rappelle : « Ce n'est qu'un jeu. », il répond « Juste un jeu ?... Ariana est morte, malheureusement... Taylor Swift serait le baiser... Katy Perry serait le mariage », répond-il.

Si la référence est bien adressée à Kelce, les nouvelles paroles deviennent encore plus charmantes : "*It's just a game but really / I'm bettin' on all three for us two*"[5]

[4] se marier, embrasser ou tuer

[5] C'est juste un jeu, mais vraiment je parie sur les trois pour nous deux

"THE PROPHECY"

Taylor Swift explore les thèmes de la destinée, de l'estime de soi et de la nostalgie amoureuse à travers un récit personnel et universel. Les paroles décrivent sa lutte contre un chemin de vie prédestiné, auquel elle ne peut échapper, qui semble la condamner à la solitude et au désespoir. Les appels répétés à « changer la prophétie » reflètent le désir ardent de modifier un destin qui semble immuable, et soulignent le conflit entre fatalité et volonté. Les images utilisées dans la chanson, telles que "*I got cursed like Eve got bitten*"[6] et "*Poison blood from the wound of the pricked hand*"[7], semblent directement tirées de contes ou de mythologies. Elles suggèrent que les luttes de Taylor sont à la fois intemporelles et profondes. Taylor Swift fait entendre le profond désir de changer son histoire amoureuse en espérant un jour être la bonne personne pour quelqu'un.

[6] « J'ai été maudit comme Eve a été mordue. »

[7] « Du sang empoisonné venant de la blessure de la main piquée »

TAYLOR SWIFT ET SES FANS

UN VÉRITABLE FIL ROUGE ENTRE CONNEXION INTIME ET EASTER EGGS.

Quand on pense à la promotion de Taylor Swift pour annoncer ses prochaines sorties, on pense automatiquement à ses *Easter eggs*. **Sans exagération, il y en a des centaines. Ici, je ne me concentrerai que sur les *Easter eggs* les plus connus, qu'en tant que Swifties nous avons eu plaisir à découvrir.**

QU'EST-CE QU'UN « *EASTER EGG* » ?

Les *Easter eggs* sont des indices cachés, des références subtiles et des messages subliminaux. Ils sont devenus un des éléments clés de la carrière de Taylor Swift, ce qui lui a permis de nourrir le lien profond et la fidélisation quasi inégalée de ses fans. Les *Easter eggs* de Taylor Swift se retrouvent dans ses chansons, ses vidéoclips, ses interviews, ses tenues, ses manucures, et bien d'autres aspects de sa vie publique.

Ces trésors cachés offrent aux fans l'occasion de spéculer et de formuler des théories sur les prochaines sorties d'albums, leurs titres, leurs dates de sortie, ou encore de découvrir des références amusantes et personnelles à la vie de Taylor. En intégrant ces indices, elle enrichit ses récits et ajoute une couche de complexité et de profondeur à son œuvre. Son approche interactive et immersive renforce l'engagement de ses admirateurs, et crée pour eux une expérience unique et captivante qui nourrit la discussion.

D'OÙ VIENNENT LES *EASTER EGGS* ?

Taylor Swift a commencé à intégrer des *Easter eggs* dès le début de sa carrière. Dans le livret de paroles de son premier album, des lettres majuscules dans les paroles formaient des phrases ou des mots cachés. Elle a maintenu cette pratique jusqu'à la sortie de l'album 1989 en 2014.

En voici quelques exemples :

- Dans son premier album, le message caché de "*Picture to Burn*" est "*Date Nice Boys*"[1].
- Dans Fearless, la chanson "*The Best Day*" (écrite pour sa maman) cache le message "*God bless Andrea Swift*"[2].
- Dans Speak Now, le message caché de "*Last Kiss*" est "*Forever and always*"[3], ce qui suggère que cette chanson parle aussi de Joe Jonas, comme la chanson "*Forever and Always*" dans Fearless.
- Pour Red, le message caché de "*All Too Well*" est "*Maple lattes*" une référence à une boisson que Taylor et son ex Jake Gyllenhaal buvaient souvent.
- Pour 1989, les messages cachés étaient particulièrement uniques, car mis bout à bout, ils formaient une histoire complète :

"Welcome to new york" : *We begin our story in New York* / Nous commençons notre histoire à New York

"Blank Space" : *There once was a girl known by everyone and no one* / Là-bas vivait une fille connue de tous et de personne

"Style" : *Her heart belonged to someone who couldn't stay* / Son cœur appartenait à quelqu'un qui ne pouvait pas rester.

"Out of the Woods" : *They loved each other recklessly* / Ils se sont aimés avec insouciance

"All You Had To Do Was Stay" : *They paid the price* / Ils en payèrent le prix

"Shake It Off" : *She danced to forget him* / Elle a dansé pour l'oublier

"I Wish You Would" : *He drove past her street each night* / Chaque soir, il passait devant sa rue

"Bad Blood" : *She made friends and enemies* / Elle s'est fait des amis et des ennemis

"Wildest Dreams" : *He only saw her in his dreams* / Il ne la voyait que dans ses rêves

"How You Get The Girl" : *Then one day he came back* / Un jour, il est revenu

"This Love" : *Timing is a funny thing* / Le timing est une drôle de chose

"I Know Places" : *And every one was watching* / Et tout le monde regardait

"Clean" : *She lost him but found herself and somehow that was everything* / Elle l'a perdu mais s'est retrouvée elle-même et, d'une certaine manière, c'est tout ce qui compte

[1] Datez de gentils garçons

[2] Dieu bénisse Andrea Swift (sa mère)

[3] Pour toujours et à jamais

Elle a ensuite cessé d'utiliser ce système de messages cachés dans les livrets d'albums et a commencé à intégrer davantage d'*Easter eggs* sur ses réseaux sociaux, dans ses clips et ses interviews.

Les *Easter eggs* qui ont le plus affolé la *fanbase* concernent l'ordre des réenregistrements de ses albums *(Taylor's Version)*. Pendant l'ère **Lover**, Taylor Swift n'a pas pu obtenir les droits sur son catalogue initial. Elle a donc décidé de réenregistrer ses six premiers albums signés chez Big Machine afin de se réapproprier son travail.

Pour **Fearless** *(Taylor's Version)*, elle a annoncé la date de sortie avec la couverture de l'album. En lisant toutes les lettres majuscules, on obtient "*APRIL NINTH*", la date de sortie de l'album. Un autre exemple emblématique qui a suscité de nombreuses théories est le clip de "*The Man*" sorti en 2019. Ce qui est à la fois fascinant et impressionnant chez Taylor, c'est qu'elle prévoit beaucoup de choses à l'avance. Elle a elle-même plaisanté des *Easter eggs* lors d'une interview chez Jimmy Fallon en 2021, en déclarant : "*Can I plan things three years in advance?*"*

* Puis-je planifier les choses trois ans en avance ?

L'ORDRE DES RÉENREGISTREMENTS

En 2019, Taylor Swift a sorti le clip de "*The Man*" de l'album **Lover** dans lequel elle est déguisée en homme. À un moment, Taylor s'arrête devant un mur graffité. Sur ce mur sont inscrits les titres de ses six premiers albums. Il n'en a pas fallu plus pour amener les fans à spéculer sur l'ordre des réenregistrements. **Fearless** était le seul album écrit à l'envers, signifiant peut-être qu'il serait le premier réenregistrement de la liste, ce qui s'est avéré correct.

Sous **Fearless**, on trouve **Red** et **Speak Now**. Cela laissait penser que ces albums seraient les prochains réenregistrés. Ce fut une nouvelle fois confirmé. À gauche de Taylor se trouvent **1989**, **Taylor Swift**, et **reputation**. **1989** a bien été annoncé comme étant le prochain, ce qui corrobore la théorie des fans.

Les fans auront-ils raison jusqu'à la fin ? Bien que **Taylor Swift** ne soit pas tagué sur le mur, il figure sur un panneau au-dessus de **reputation**. Suivant la théorie dont on vient de parler, son premier album serait logiquement le suivant, suivi de **reputation**.

Cependant une théorie plus symbolique existe : **reputation** serait réenregistré pour récupérer symboliquement sa « réputation » après avoir perdu les droits de ses albums, puis **Taylor Swift** serait réenregistré en dernier. Taylor Swift en réenregistrant **Taylor Swift** récupérerait ainsi son nom, marquant la fin de ce processus de réappropriation.

LES EASTER EGGS QUI ANNONÇAIENT RED (TAYLOR'S VERSION)

- Le 6 juin 2021, Taylor a tweeté à propos du retour de **evermore** à la première place du Billboard 200, en ajoutant quelques émojis révélateurs : quatre cœurs rouges. Terminer sa note par quatre cœurs rouges peut sembler anodin pour la plupart des gens, mais c'était probablement le signe le plus évident qu'elle donnait à ses fans quant à l'imminence du réenregistrement de **Red**, son quatrième album studio.
- Le look de Taylor Swift aux *Brit Awards* 2021 en mai : des cheveux longs, une frange et des lèvres rouges, qui évoquaient directement l'esthétique de l'*Era* de 2012. De plus, les clichés qu'elle a partagés avec ses fans avaient un effet et un filtre rappelant la pochette originale de l'album **Red**.
- Pour promouvoir la sortie vinyle d'**evermore**, Taylor Swift a tweeté en utilisant les paroles "*indie record stores*" et "*like... ever*", tirées de "*We Are Never Ever Getting Back Together*", une chanson de l'album **Red**.

LES EASTER EGGS POUR L'ANNONCE DE SPEAK NOW (TAYLOR'S VERSION)

Il y a de nombreux *Easter eggs* cachés dans le clip de "*Bejeweled*" (**Midnights**).

- Taylor Swift entre dans un ascenseur qui monte à 13 étages. Les boutons de commande sont de couleurs différentes : chaque étage semble représenter un album (elle a sorti dix albums originaux et deux rééditions jusque-là). Elle choisit d'abord l'étage 3, violet, dont la couleur représente son troisième album, **Speak Now**.
- Plus tard, elle se rend au 13e étage, également violet. Si le 13e étage est violet comme le 3, alors il représente donc **Speak Now** *(Taylor's Version)*.
- A l'étage 13, Taylor Swift est assise sur une horloge géante, indiquant 3 heures : en référence à son troisième album studio. (voir page suivante)
- A la fin du clip, Taylor Swift se tient au balcon d'un château, vêtue d'une robe jaune bouffante, similaire à la robe qu'elle portait lors de la tournée, le balcon est aussi semblable au balcon de **Speak Now**.

LES EASTER EGGS POUR 1989 (TAYLOR'S VERSION)

Une histoire de chiffres : Taylor a annoncé l'album **1989** *(Taylor's Version)* le 9 août - ou 8/9 (écriture américaine), reflet de la dernière moitié du titre de l'album **1989**. Le 9 août 2023 se sont écoulés exactement huit ans, neuf mois et treize jours depuis la sortie de l'album original **1989**. 13 semaines s'étaient écoulées depuis que Taylor avait annoncé **Speak Now** *(Taylor's Version)*. Le 9 août 2023 se sont également écoulés 3 208 jours depuis la sortie de l'album original, et la somme des chiffres de 3 208 est 13, le chiffre porte-bonheur de Taylor Swift.

Le soir de l'annonce, Taylor Swift est arrivée avec de nouvelles tenues aux couleurs bleues, associées à l'esthétique de **1989**.

La veille de l'annonce, les bracelets lumineux dans le public ont clignoté cinq fois en bleu à la fin du show.

Chaque soir, Taylor Swift interprète deux chansons surprises de sa discographie pendant le set acoustique de son spectacle. Le jour de l'annonce, il ne lui restait plus qu'une seule chanson de **1989** à interpréter : "*New Romantics*", considérée par beaucoup comme l'hymne de l'album. Les fans étaient convaincus qu'elle réservait cette chanson pour le 9 août, dernier jour de la première partie de sa tournée aux États-Unis. Ils avaient raison, puisque Taylor Swift a interprété cette chanson comme l'une des chansons surprises de la soirée.

KARMA : L'ALBUM PERDU ?

Au printemps 2016, les fans de Taylor Swift attendaient en effervescence l'annonce d'un nouvel album. Depuis son premier album en 2006, Taylor Swift avait pris l'habitude de sortir un album tous les deux ans.

Chaque début de nouvelle *Era* était marqué par un changement de look révélé lors de photoshoots pour des magazines comme *Vogue*. Ces transformations physiques signifiaient qu'un nouvel album se préparait. Pour l'*Era* de **Red**, Taylor Swift avait par exemple opté pour de longs cheveux lisses avec une frange, ce qui marquait une rupture avec l'esthétique de **Speak Now**. Pour **1989**, elle avait coupé ses cheveux très courts. En avril 2016, Taylor Swift fait une apparition remarquée au festival Coachella avec des cheveux encore plus courts, décolorés en blond platine. Cette période a été surnommée la "*Bleachella Era*", en référence à ses cheveux décolorés ("*bleach*" en anglais) et sa présence à Coachella. Taylor change même sa photo de profil sur les réseaux sociaux, signe habituel d'une nouvelle *Era*.

Taylor Swift a sans doute écrit des chansons entre la sortie de **1989** et cette période : deux ans se sont écoulés, et on sait qu'elle n'arrête jamais d'écrire... Le plus troublant, c'est que les chansons de **reputation** portent surtout sur sa nouvelle relation amoureuse et son conflit avec Kanye West, des événements assez récents qui ne font pas partie des événements de l'*Era* de **1989**. Il est donc probable que des chansons prévues pour un autre album n'ont pas été incluses à **reputation**. Ces éléments soutiennent la théorie de l'existence d'un album qui n'a jamais pu voir le jour.

Parlons maintenant des indices que Taylor Swift a semés un peu partout pour nous faire comprendre l'existence d'un album inédit. En 2017, Taylor a révélé dans une interview que le clip de "*Look What You Made Me Do*" (issu de l'album **reputation**) regorge d'*Easter eggs* qui n'ont pas encore été découverts.

Un premier indice intéressant se trouve dans les paroles de la chanson : "*The world moves on, another day, another drama, drama / But not for me, not for me, all I think about is karma.*"* Dans le clip, lorsqu'elle chante cette phrase, elle se trouve dans un coffre-fort.

Aujourd'hui, nous savons que les coffres-forts que l'on appelle les "chansons *from the vault*" ("*vault*" signifie coffre-fort) représentent les chansons inédites de Taylor. Taylor apparaît également vêtue d'une combinaison orange et enfermée dans une cage dorée. Étant donné que chaque *Era* de Taylor est représentée par une couleur, il est possible que si l'album *Karma* existait, il serait associé à la couleur orange. La cage symboliserait le fait que cet album n'a pas pu sortir.

À la toute fin du clip, plusieurs versions de Taylor Swift apparaissent. Chacune représente une *Era* différente de sa carrière. Derrière ces différentes Taylor, on peut voir un avion avec l'inscription «TS6». Une des Taylor, qui ne nous paraît pas familière contrairement aux autres, recouvre cet avion «TS6» du tag **reputation**. «TS6» est censé être **reputation**, mais le fait qu'elle peigne par-dessus pour inscrire ce nom suggère que cet album devait être différent à l'origine et a été remplacé par **reputation**, à cause des circonstances. Elle coupe ensuite les ailes de cet avion, l'album ne peut plus « décoller » et par conséquent ne peut être révélé. Ces indices laissent fortement penser qu'un album entier, ou du moins une partie, a été mis de côté ou transformé en ce que nous connaissons aujourd'hui sous le nom de **reputation**.

Il est intrigant de se demander pourquoi Taylor Swift n'aurait pas sorti cet album mystérieux. Est-ce qu'elle a préféré reporter sa sortie à cause des scandales et de la surmédiatisation qu'elle ne supportait plus, craignant que ce ne soit pas le bon moment, et prenant le risque que cela n'amplifie la haine autour d'elle ?

* Le monde tourne, un autre jour, un autre drame, drame mais pas pour moi, pas pour moi, tout ce à quoi je pense c'est le karma

Ou bien, était-ce une décision de son label, Big Machine Records ? À ce moment-là, Big Machine exerçait encore un grand contrôle sur elle. Peut-être est-ce pour cela qu'elle a publié autant d'*Easter eggs*.

Lover, son premier album qui ne sort pas sous Big Machine Records, s'inscrit dans un univers beaucoup plus fun, coloré et joyeux. Dans le clip de "*The Man*", il y a une scène où Taylor, déguisée en homme, est face à un mur. Sur ce mur sont tagués les titres de tous les anciens albums de Taylor Swift : le nom "*Karma*"est en plein milieu de ces albums. À côté de ce mur se trouve un panneau indiquant : "*Missing, if found, return to Taylor Swift*[1]". Pourquoi "*Karma*" serait-il en plein milieu du mur à côté de tous les autres albums de Taylor dont elle veut récupérer les droits ? La théorie prend tout son sens si on pense à cet album perdu ! "*Karma*" est d'ailleurs inscrit deux fois sur ce mur, plus haut et en orange ! Cela ne semble pas être une coïncidence.

En avril 2016, lors d'une interview pour *Vogue*, on pose à Taylor Swift la question suivante : «Quelle est la leçon de vie la plus importante que l'on puisse apprendre ?» Taylor répond en regardant fixement la caméra : "*That Karma is real*[2]". Ces indices disséminés collent avec la *timeline* et il ne serait pas incohérent que Taylor Swift commence à dissimuler de nouveaux indices pour son prochain album.

Alors est-ce que l'album Karma est réel ? J'en suis persuadée. Reste à savoir si cet album sortira en entier un jour ou si nous aurons quelques chansons dans les *vault tracks* de **reputation** *(Taylor's Version)*.

[1] Disparu, si retrouvé, retour à Taylor Swift

[2] Que le Karma est réel

LES EASTER EGGS DES CLIPS :

- Dans le clip de "*ME!*", sorti en 2019, apparaît un énorme néon rouge avec l'inscription **Lover**, le titre du prochain album de Taylor Swift, qui n'avait pas encore été dévoilé à ce moment-là.
- Dans une vidéo promotionnelle de la chanson "*Delicate*" de l'album **reputation**, Taylor Swift portait un vernis aux couleurs de **Lover**, ce qu'elle a ensuite confirmé comme étant un véritable *Easter egg*.
- Le jour où Taylor Swift a terminé l'enregistrement de **Lover**, elle a posté sur son compte Instagram une photo avec sept palmiers, indiquant ainsi à ses fans que son septième album était prêt.
- Dans le clip de "*I Bet You Think About Me*", apparaissent deux objets présents également dans le court-métrage "*All Too Well*" : un cadeau rouge et l'écharpe que Taylor et Jake Gyllenhaal portaient quand il sortaient ensemble en 2010, montrant ainsi que les deux œuvres sont liées.

- Dans le clip de "*Karma*", à la toute fin, Taylor tient une tasse. Son ongle peint en bleu dans la vidéo représente clairement **1989** et il pointe vers le chiffre 8. Les fans ont d'abord pensé que cela signifiait que l'album réenregistré sortirait en août, mais c'est l'annonce de **1989** qui a été faite en août.
- Le nombre 13, porte-bonheur de Taylor, apparaît de façon récurrente dans son travail. Par exemple, l'intro de "*Call It What You Want*" et "*Mary's Song*" dure 13 secondes, un 13 apparaît tagué dans le titre "*Ready For It*", et dans le clip de "*Cardigan*", une horloge pointe vers les chiffres 1 et 3.
- Pour ses réenregistrements, Taylor Swift sort des chansons inédites appelées "*vault tracks*". Ce sont des chansons qu'elle a écrites à l'époque de certains albums mais qu'elle n'a pas incluses dedans. Lors de l'annonce de **The Tortured Poets Department**, Taylor Swift mime un deux, un signe qui a conduit beaucoup de fans à penser à un double album, ce qui s'est avéré exact.
- La robe que Taylor Swift portait aux Grammy Awards 2024 ressemble à celle qu'elle porte dans le clip de "*Fortnight*". Dans la vidéo de "*Fortnight*", Taylor tient un livre sur lequel est écrit "Us", un *Easter egg* pour sa collaboration avec Gracie Abrams sur une chanson portant le même titre.

Comment évoquer les Swifties sans parler des célèbres bracelets d'amitié ? Cette tradition a pris une place particulière, et sont devenus un symbole de connexion entre les fans. Inspirés par les paroles de la chanson "*You're on Your Own, Kid*" de l'album **Midnights**, cette coutume rappelle l'importance des liens que nous tissons et des souvenirs que nous créons ensemble. Taylor chante : "*So make the friendship bracelets, Take the moment and taste it, You've got no reason to be afraid.*"*

Lors des concerts de Taylor, l'échange de bracelets d'amitié devient un véritable rite de passage. Chaque bracelet est unique, fait main, avec des perles colorées et, le plus souvent, le nom d'une chanson ou des extraits de paroles. Ce sont de véritables souvenir d'un moment que beaucoup ont attendu pendant des années. Ces bracelets permettent de tisser des liens avec d'autres Swifties qui partagent la même passion, et renforcent ainsi le sentiment de communauté et d'appartenance au groupe.

* Alors fabriquez les bracelets d'amitié, Profitez du moment et goûtez-le, Vous n'avez aucune raison d'avoir peur.

UNE INFLUENCE NON NÉGLIGEABLE DANS LE MILIEU DE LA MUSIQUE

TRIOMPHES ET DISTINCTIONS : LES RECORDS ET SUCCÈS DE TAYLOR SWIFT

Records et Succès Commerciaux de Taylor Swift en 13 chiffres :

26,1 milliards
de streams de ses musiques sur Spotify en 2023

5 jours
c'est le nombre de jours qu'il a fallu à **The Tortured Poets Department** pour atteindre le milliard de streams.

4
fois, elle a gagné le prix d'album de l'année aux Grammys. Du jamais vu. Elle se hisse devant de grands noms comme Frank Sinatra, Paul Simon et Stevie Wonder, qui ont reçu trois fois le prix. Les albums pour lesquels elle a remporté ces prix sont **Fearless**, **1989**, **folklore** et **Midnights**.

3,2 millions
d'exemplaires vendus pour Fearless ce qui en fait l'album le plus vendu de l'année 2009

10
premières chansons du classement billboard sont occupées par Taylor lors de la sortie de Midnights. Elle est la première artiste à réussir à le faire.

10 minutes et 13 secondes
c'est la durée de *All too well* (*Taylor's Verison*) qui devient la chanson la plus longue à atteindre la première place du classement billboard.

11
chansons de Taylor Swift se sont hissées en numéro 1 au classement Billboard. Elle dépasse des artistes comme Stevie Wonder, Katy Perry (9 fois n°1) ou Janet Jackson (10 fois n°1) et devient l'égale de Whitney Houston.

603
récompenses gagnées tout au long de sa carrière.

1 287 000 millions
de disques vendus : Taylor Swift devient ainsi la seule artiste de l'histoire à vendre consécutivement trois albums à plus d'un million de copies, aux États-Unis, la semaine de leur sortie

40
American Music Awards remportés, battant de loin l'ancien record de Michael Jackson qui en avait reçu 26.

300 millions
d'écoutes sur The Tortured Poets Department en une journée. Cela devient l'album le plus écouté en 24h.

4,6 milliards
d'écoutes de Midnights, album le plus écouté de l'année 2023 sur Spotify.

260 millions
de dollars au box-office mondial pour le film *Taylor Swift : The Eras Tour*, devenu le film de concert le plus lucratif de tous les temps.

TOURNÉES ET PERFORMANCES

FEARLESS TOUR

106 concerts

5 pays différents

2 260 000 de spectateurs

15 mois de tournée (avril 2009 à juillet 2010)

17 chansons

90 minutes de show

LA PREMIÈRE TOURNÉE DE TAYLOR

On s'éloigne petit à petit de l'image de la jeune chanteuse country seule dans sa chambre avec sa guitare. Étant donné son succès, Taylor Swift a maintenant un budget beaucoup plus conséquent, ce qui se reflète dans la qualité de ses spectacles. Pendant cette tournée, Taylor adopte une image de pop star, et s'éloigne de son style bohème. Elle porte des robes de bal scintillantes à franges et joue sur une guitare recouverte de strass. La scène, complexe et élaborée, représente un château avec deux mini-scènes au milieu de la foule, lui permettant d'être en contact direct avec son public.

La *setlist* mélange des chansons de son premier album et de Fearless, avec quelques reprises. C'est lors de cette tournée que certaines traditions se sont instaurées.

Lors de la chanson "*Fearless*", après les paroles "*It's the first kiss, it's flawless, it's really something... It's fearless*[1]", Taylor Swift forme un cœur avec ses mains au-dessus de sa tête. Ses fans, désormais, reproduisent ce geste lors de ses concerts, y compris pendant l'*Eras Tour*. Si l'on devait parler d'un autre moment emblématique c'est quand Taylor Swift chante "*And you know I wanna ask you to dance right there/ In the middle of the parking lot, yeah*[2]" et fait des tours sur elle-même lors de l'accélération du riff de guitare. Ces "*Fearless Spins*" sont devenus un élément clé de sa performance, qu'elle continue d'exécuter aujourd'hui.

C'est également à cette époque que Taylor a commencé à utiliser une guitare pleine de strass sur scène, un accessoire qu'elle utilise encore aujourd'hui lors de l'*Eras Tour*.

Pour l'anecdote, saviez-vous que Justin Bieber avait assuré la première partie de Taylor Swift lors du *Fearless Tour* à Manchester ? Cela peut sembler étrange, mais les deux adolescents étaient très proches à cette époque.

Que ce soit sur scène ou lors de cérémonies, Taylor adopte un style scintillant tandis que lors de ses apparitions publiques ou des photoshoots, elle conserve un look bohème et hippie, portant souvent des bandeaux, des robes aux couleurs claires et des santiags. Ces tenues, adaptées à son jeune âge, permettent au public de s'identifier à elle.

Taylor, alors dans la vingtaine, ne porte pas forcément des tenues qui lui donnent une image de femme adulte, préférant des robes de style princesse ou de bal, en écho à l'esthétique de **Fearless** et plus particulièrement à l'image du clip de "*Love Story*". Elle est même apparue en robe de princesse lors du *Fearless Tour* et elle est arrivée en carrosse aux Grammy Awards de 2009.

Dans ses clips, elle porte des vêtements que toutes les jeunes Américaines pourraient s'approprier, et renforcent son image accessible et authentique. On a l'impression qu'elle vit les mêmes histoires que tout un chacun. Son look, bien que plus chic et luxueux, reste fidèle à son image de "*America's sweetheart*"[3]. Taylor conserve toujours ses longs cheveux bouclés naturels et arbore un maquillage assez naturel, qui souligne sa jeunesse.

Le succès de cette tournée a jeté les bases pour les tournées suivantes de Taylor Swift, car chacune d'entre elles deviendra de plus en plus ambitieuse en termes de production et de portée mondiale.

[1] C'est mon premier baiser. C'est impeccable. C'est vraiment quelque chose. C'est courageux.

[2] Et tu sais que je veux te demander de danser ici, en plein milieu du parking

[3] « Chérie de l'Amérique »

SPEAK NOW TOUR

110 concerts

20 pays

1 650 000 de spectateurs

13 mois de tournée (février 2011 à mars 2012)

17 chansons

120 minutes de show

LA TOURNÉE FÉMININE ET SOLO LA PLUS RENTABLE DE 2011

Le *Speak Now World Tour* était conçu comme un spectacle théâtral et visuel, reflet des thèmes narratifs et émotionnels de l'album **Speak Now**. Le concert explorait divers aspects de la croissance, et capturait les moments à la fois tristes et joyeux de cette période de confusion entre l'adolescence et l'âge adulte.

La scène, équipée de décors mobiles, permettait des adaptations fréquentes en fonction des chansons. Les changements de décor étaient nombreux et visaient à correspondre à l'ambiance de chaque morceau. Taylor Swift changeait plusieurs fois de costume, ce qui permettait d'ajouter une dimension dynamique à la performance. Parmi les moments marquants du concert, on peut citer Taylor suspendue en l'air sur un grand balcon et frappant une cloche géante lors de la chanson "*Haunted*". Dans chaque ville visitée, Taylor interprétait une reprise d'un artiste local, créant ainsi des moments uniques pour chaque spectacle.

La setlist comprenait la majorité des chansons de l'album Speak Now, telles que "*Mine*", "*Sparks Fly*", "*Back to December*", "*Mean*", "*Enchanted*" et "*Long Live*". Taylor incluait également des chansons de ses albums précédents, notamment des succès comme "*Love Story*", "*You Belong with Me*" et "*Fearless*".

Pour permettre aux fans de revivre l'expérience du concert, un album live et un DVD intitulés *Speak Now World Tour – Live* ont été publiés le 21 novembre 2011. Cet enregistrement capturait l'essence du spectacle et la magie des performances en direct.

L'ÉVOLUTION DU STYLE DE TAYLOR SWIFT

Pendant l'ère de Speak Now, le style personnel de Taylor Swift a continué d'évoluer. Elle s'inspire des tenues des années 1940 et 1950, optant pour des vêtements brillants mais assez pudiques afin de maintenir son image de jeune adolescente Américaine. Sur les tapis rouges, ses looks étaient souvent très pailletés, mais dans des tons pastel ou des couleurs crème discrètes. Contrairement à l'ère Fearless, où l'objectif est de lui donner une image plus mature, l'ère Speak Now vise à projeter une image modeste, celle de quelqu'un de bienveillant et doux.

Taylor Swift en concert à Paris en mars 2011.

RED TOUR :

L'AFFIRMATION D'UN STYLE SIGNATRURE

86 concerts	**13 pays**	**1 700 000** de spectateurs
15 mois de tournée (mars 2013 à juin 2014)	**17 chansons**	**120 minutes de show**

Taylor Swift offre des spectacles toujours plus élaborés et dynamiques. Le *Red Tour* incarne une transition marquée de la country vers la pop et satisfait ses fans avec des décors, des tenues et une mise en scène spectaculaires. Pour chaque tournée, Taylor Swift investit et cherche à surpasser ses performances précédentes. Le *Red Tour* ne fait pas exception, avec une scène dynamique et des éléments visuels sophistiqués qui créent une expérience immersive pour le public. Une caractéristique distinctive du Red *Tour* est la présence fréquente d'invités spéciaux. Dans chaque ville, Taylor invite souvent un artiste local ou un ami célèbre pour interpréter une chanson en duo. Parmi les invités notables figurent Ed Sheeran, Carly Simon, Tegan and Sara, Ellie Goulding et Jennifer Lopez.

ÉVOLUTION DU STYLE : L'*ERA* DE RED

L'ère de **Red** permet à Taylor Swift d'adopter un style qui est devenu sa signature. Elle adopte une frange élégante et des cheveux longs et lisses, abandonnant les boucles naturelles emblématiques de sa période country. Son rouge à lèvres rouge vif devient partie intégrante de son look iconique, inspiré par les anciennes stars hollywoodiennes des années 1950. Pendant la tournée, le rouge est évidemment la couleur dominante. Les tenues de Taylor Swift mélangent des éléments rock et glamour. Ces choix stylistiques, plus colorés et audacieux, reflètent son évolution, et marquent une nouvelle étape dans sa carrière.

1989 WORLD TOUR : UNE EXPÉRIENCE IMMERSIVE ET SPECTACULAIRE

85 concerts

10 pays

2 280 000 de spectateurs

8 mois de tournée (Mai 2015 à décembre 2015)

18 chansons

120 minutes de show

Le *1989 World Tour* de Taylor Swift est conçu comme une expérience immersive et spectaculaire, qui capture le son pop synthétique et les influences des années 1980 de l'album 1989. Ce spectacle combine des éléments visuels éblouissants, une production de haute technologie, et des performances chorégraphiées pour offrir un événement mémorable à chaque représentation.

SCÉNOGRAPHIE ET PRODUCTION

La scène du *1989 World Tour* est immense, dotée d'une passerelle centrale et de plusieurs plateformes mobiles qui permet à Taylor de se déplacer au milieu du public. Des écrans géants, des lasers et des effets pyrotechniques ajoutent à la grandeur du spectacle, créant une atmosphère dynamique et captivante.

Taylor jouait de la guitare acoustique pour des morceaux intimes, et des moments aériens et spectaculaires où elle chantait, élevée au-dessus de la foule. Ces variations offrent une expérience visuelle et auditive riche pour le public.

La setlist du *1989 World Tour* est principalement composée de chansons de l'album 1989, telles que "*Blank Space*», "*Style*", "*Bad Blood*", "*Shake It Off*", et "*Wildest Dreams*". Taylor interprète également des medleys de ses anciens succès, revisités dans le style pop de l'album, ce qui ajoute une touche de nostalgie et de renouveau à ses classiques.

INVITÉS SPÉCIAUX

Taylor Swift a invité une multitude d'artistes et de célébrités sur scène, et crée des moments uniques pour chaque concert. Parmi les invités notables figuraient Mick Jagger, Justin Timberlake, Alanis Morissette, Mary J. Blige, Steven Tyler, ainsi que ses amis proches comme Kendall Jenner, Gigi Hadid, Selena Gomez, et The Weeknd. L'un des moments mémorables est la représentation d'Idina Menzel, la voix originale d'Elsa dans *La Reine des Neiges*, qui chante "*Let It Go*" en duo avec Taylor déguisée en Olaf, le bonhomme de neige.

Le *1989 World Tour* a été un énorme succès commercial, il est devenu l'une des tournées les plus lucratives de l'année 2015. La tournée a rapporté plus de 250 millions de dollars et attiré des millions de fans à travers le monde, ce qui a confirmé la position de Taylor Swift comme une force majeure de l'industrie musicale.

STYLE VESTIMENTAIRE

Les tenues de cette tournée sont scintillantes et sophistiquées, et reflètent l'image plus mature que Taylor souhaite projeter. Ses costumes de scène, emblématiques et glamour, correspondent à son statut de popstar. Taylor adopte également une nouvelle coiffure, coupe ses cheveux en carré changeant radicalement son image.

Ce changement fait partie intégrante de l'ère 1989, pendant laquelle Taylor Swift cherche à se façonner une nouvelle identité, plus en phase avec son évolution personnelle et artistique. Son style est devenu plus chic et à la mode, influencé par ses amitiés avec des mannequins. Taylor, qui adoptait un look vintage tout en restant coloré et moderne, porte maintenant des tenues courtes et des talons, et entre dans la transition d'une jeune adulte préoccupée par son image à une adulte confiante et affirmée.

Le *1989 World Tour* de Taylor Swift représente une tournée révolutionnaire, tant par sa production spectaculaire que par son succès commercial. En capturant l'essence de l'album 1989, Taylor Swift offre à ses fans une expérience inoubliable, marque une nouvelle étape dans sa carrière et affirme sa place parmi les plus grandes artistes de sa génération.

REPUTATION STADIUM TOUR :

UNE REPRISE DE CONTRÔLE SUR SA CARRIÈRE

86 concerts

7 pays

2 888 916 de spectateurs

6 mois de tournée (Mai 2018 à décembre 2018)

19 chansons

120 minutes de show

Le *Reputation Stadium Tour* de Taylor Swift voyage dans les thèmes de **reputation**, explore la renommée, la perception publique et la réinvention personnelle. Ce spectacle grandiose combine des éléments visuels saisissants, une production de haute technologie et des performances pleines d'énergie.

La scène du *Reputation Stadium Tour*, massive, est équipée de plusieurs plateformes et passerelles qui permettent à Taylor Swift de se rendre dans tous les angles du stade. Des écrans géants haute définition affichent des visuels époustouflants, tandis que des effets pyrotechniques, des jets de flammes, et des lumières synchronisées ajoutent à l'excitation et à la magie de chaque performance.

Taylor Swift porte une série de costumes emblématiques, allant de tenues de dominatrice en cuir à des robes scintillantes et colorées. Les tenues évoluent tout au long du spectacle, passant du noir et doré à des couleurs plus vives comme le rose, le vert et le bleu. La chorégraphie, intense et dynamique, met en scène une troupe de danseurs et des performances acrobatiques impressionnantes.

Parmi les moments les plus mémorables, citons :

- Taylor Swift qui survole la foule dans une structure en forme de serpent, un clin d'œil à l'iconographie de l'album.
- Interprétations acoustiques de ses plus grands succès, offrant des moments d'intimité et d'émotions.
- Performance épique de "*Look What You Made Me Do*", où Taylor Swift se tient sur un trône géant, qui symbolise son pouvoir et sa résilience.

Comme lors de ses tournées précédentes, Taylor Swift invite plusieurs artistes et amis célèbres à se joindre à elle sur scène. Parmi les invités notables figurent Shawn Mendes, Selena Gomez, Troye Sivan, et bien d'autres…

Taylor Swift adopte une esthétique plus sombre et audacieuse, inspirée par le punk et le gothique. Cette période signe une réinvention complète de son image publique, renforce son statut d'icône de la pop moderne et explore des thèmes *d'empowerment* personnel. En dehors de la scène, Taylor Swift a souvent été vue portant des ensembles de tailleurs modernes, combinés avec des bottines à talons ou des baskets tendance : un équilibre entre le formel et le décontracté, très chic. Son style personnel pendant cette ère reflète une confiance renouvelée et une sophistication affirmée, en parfaite harmonie avec l'esprit de l'album **reputation**.

ERAS TOUR :

UNE CÉLÉBRATION ÉPIQUE ET IMMERSIVE DE SA CARRIÈRE

152 concerts

20 pays

Plus de 6 millions de spectateurs

21 mois de tournée (Mars 2023 à décembre 2024)

46 chansons (tournée européenne) **45 chansons** (tournée américaine)

3h25 de show

Le *Eras Tour* de Taylor Swift est une célébration monumentale de sa carrière, la tournée rassemble des chansons de tous ses albums et met en lumière l'évolution de son style musical et de son image publique. Lancée en 2023, cette tournée immersive offre aux fans un voyage à travers les différentes « ères » de la carrière de Swift, depuis ses débuts dans la country jusqu'à ses explorations pop et indie.

SCÉNOGRAPHIE ET PRODUCTION

La scène du *Eras Tour* est immense et dynamique, comporte des passerelles, des plateformes mobiles, et des écrans géants qui projettent des visuels correspondant à chaque ère. Les effets lumineux et pyrotechniques ajoutent à l'excitation et à l'immersion de chaque performance, faisant de chaque concert une expérience visuelle spectaculaire. Chaque ère est méticuleusement recréée avec des décors et des costumes spécifiques à l'ambiance de chaque album. Taylor Swift porte par exemple jusqu'à huit robes différentes pour l'ère **Speak Now**, même si elle n'en interprète qu'une seule chanson.

Un moment particulièrement apprécié des fans est la performance des "*surprise songs*" tirées de sa vaste discographie, qui ajoutent une touche d'imprévisibilité et d'excitation à chaque concert. Les fans espèrent entendre leurs chansons préférées comme "*You're on Your Own, Kid*" ou "*Long Live*", et spéculent souvent sur quelle ville Taylor Swift a préféré en fonction de ses choix de chansons surprises.

INVITÉS SPÉCIAUX ET PERFORMANCES MÉMORABLES

Le *Eras Tour* a également vu la participation de quelques invités spéciaux. Sabrina Carpenter et Gracie Abrams, qui assurent ses premières parties aux États-Unis, sont montées sur scène pour chanter avec Taylor lors de sets acoustiques. D'autres invités notables tels que son producteur Aaron Dessner et Hayley Williams de Paramore, qui assure également la première partie en Europe, sont aussi de la partie. Ces invités, bien que peu nombreux, sont des amis proches de Taylor, ce qui rend leurs apparitions encore plus significatives.

Un moment particulièrement marquant a eu lieu lors du concert de Londres fin juin, où Travis Kelce, le compagnon de Taylor, est monté sur scène pendant la transition entre "*The Smallest Man Who Ever Lived*" et "*I Can Do It with a Broken Heart*". Habillé comme les danseurs, Travis a aidé Taylor à se changer en portant la chanteuse vers un canapé, un moment inoubliable.

INFLUENCE ET RÉCEPTION

Le *Eras Tour* est d'une ampleur phénoménale, il rassemble des milliers de fans à travers le monde. Cette tournée permet à Taylor Swift de visiter de nombreux pays européens où elle n'a jamais fait de concert auparavant. Elle n'était pas venue en France depuis le *Speak Now World Tour*, il y a 12 ans. Pour de nombreux fans européens qui ont grandi avec elle, cette tournée représente l'aboutissement d'une longue attente.

Le *Eras Tour* est une expérience incroyable, où les fans, couverts de paillettes et habillés aux couleurs des différentes *Eras*, partagent un moment de bienveillance et de communion musicale. Cette tournée célèbre non seulement la carrière de Taylor Swift, mais renforce également son lien avec ses fans à travers le monde, et offre un live inoubliable empli d'émotions.

UNE FIGURE REPRÉSENTATIVES IMPORTANTE

TAYLOR SWIFT : UNE BUSINESS WOMAN QUI INSPIRE AUTANT QU'ELLE DÉPLAÎT

Taylor Swift n'est pas seulement devenue une icône de la musique pop ; elle incarne également désormais une figure emblématique du monde des affaires, connue pour sa stratégie marketing astucieuse et le contrôle méticuleux de son image qu'elle construit comme une marque. Tout au long de sa carrière, elle a réussi à se réinventer constamment tout en construisant un empire commercial qui inspire autant qu'il déplaît.

UNE STRATÉGIE MARKETING IMPECCABLE

Taylor Swift a pris des décisions audacieuses concernant ses contrats et ses droits musicaux. En 2014, elle retire l'intégralité de son catalogue musical de Spotify, arguant que les artistes devaient être mieux rémunérés pour leur travail. Pour comprendre l'importance de son geste, il faut se remettre dans le contexte : Taylor Swift vient de sortir **1989**, un album au succès monumental. À cette époque, le streaming n'était pas aussi commun qu'aujourd'hui, et les artistes étaient très mal rémunérés, ce qui rendait difficile l'émergence de nouveaux talents. Taylor Swift n'a pas seulement critiqué ce système ; elle a agi en retirant son offre entière de Spotify en signe de protestation, et a refusé de participer à une expérimentation au détriment des artistes.

Le modèle économique "*freemium*" des plateformes de streaming pose en effet problème. Les utilisateurs écoutent de la musique gratuitement en échange de publicités, mais l'argent des annonceurs ne suffit pas à payer correctement les artistes dont la rémunération oscille entre 0,006 à 0,0084 centime par écoute. Cela ne suffit pas pour de nombreux artistes, même avec les abonnements premium. Taylor Swift s'est opposée seule à Spotify et Apple Music, et a protesté contre les trois premiers mois gratuits de Apple Music et Spotify offerts aux abonnés qui a pour conséquence l'absence de rémunération des artistes. Elle a écrit une lettre ouverte aux gérants de ces plateformes, et menacé de retirer 1989 des plateformes, ce qui a entraîné des changements significatifs dans l'industrie du streaming.

Après trois ans de négociations, son catalogue est revenu sur Spotify en 2017 avec des conditions de rémunération améliorées pour les artistes. Taylor Swift a obtenu gain de cause : les nouveaux albums sont uniquement accessibles aux abonnés, une victoire majeure qui a influencé toute l'industrie de la musique.

MAÎTRISE DES CONTRATS ET PROPRIÉTÉ DES MASTERS

En 2018, Taylor Swift a quitté Big Machine Records pour signer avec Republic Records, et a fixé ses propres conditions sur ses droits. Elle a négocié des clauses avantageuses, notamment la redistribution des gains issus des parts d'Universal dans Spotify aux artistes. Elle a également exigé la propriété de ses masters pour ses futurs albums, un droit souvent réservé aux labels et producteurs.

La lutte pour ses masters s'est intensifiée lorsque Scooter Braun a racheté Big Machine Records et vendu les masters de Taylor pour 250 millions d'euros. Taylor Swift a riposté en réenregistrant ses six premiers albums, lançant les *Taylor's Versions* avec des titres inédits "*From the Vault*". Ces réenregistrements ont eu un succès retentissant, et ont même dépassé les ventes et les *streams* des albums originaux.

Grâce à cette démarche, de nombreux artistes ont trouvé le courage de réclamer leurs propres masters. En rendant cette bataille publique, Taylor Swift a vulgarisé les complexités des contrats musicaux et a fait connaître l'importance de posséder les droits sur son travail. Elle incarne l'artiste qui combat pour son art, son indépendance et ses droits.

Taylor Swift s'est forgée comme une figure complexe et fascinante du marketing. Son habileté à naviguer dans l'industrie musicale tout en bâtissant un empire commercial est impressionnante. Elle continue de repousser les limites de sa créativité et d'inspirer de nombreux artistes et entrepreneurs, tout en suscitant des débats passionnés sur ses méthodes et ses motivations. Qu'on l'aime ou qu'on la critique, il est indéniable que Taylor Swift est une force incontournable dans le paysage musical et commercial actuel.

PHILANTHROPIE ET ENGAGEMENT SOCIAL DE TAYLOR SWIFT

Taylor Swift n'est pas seulement une icône de la musique pop ; elle est également une figure emblématique dans le domaine de la philanthropie et de l'activisme social. À travers sa carrière, elle a utilisé sa notoriété et sa fortune pour soutenir diverses causes, de l'éducation aux secours en cas de catastrophe, en passant par les droits LGBTQIA+ et la défense des droits des femmes.

PHILANTHROPIE

Taylor Swift est reconnue pour ses dons généreux à des organismes variés. Elle a soutenu financièrement des organisations comme *Feeding America*, le *Red Cross Disaster*... En 2020, elle fait des dons pour aider les personnes touchées par la pandémie de COVID-19, soutient des banques alimentaires et des organisations d'aide aux travailleurs en difficulté. Son soutien à des causes éducatives s'est manifesté par des dons à des écoles et des bourses pour des étudiants à travers le pays.

ENGAGEMENT POLITIQUE

Pendant une grande partie de sa carrière, Taylor Swift est restée discrète sur ses opinions politiques. Cependant, en 2018, sa neutralité a pris un tournant significatif en exprimant publiquement ses positions politiques. Dans un post Instagram détaillé, elle soutient les candidats démocrates aux élections de mi-mandat dans le Tennessee et exhorte ses millions de followers à s'inscrire pour voter. Taylor Swift explique cette prise de position publique par son inquiétude concernant la menace pour les droits des femmes, pour les droits LGBTQIA+ et la hausse des discriminations raciales. Cette déclaration a eu des conséquences immenses, a provoqué une hausse significative des inscriptions sur les listes électorales et suscité un large débat dans les médias. Son engagement marque un changement significatif dans sa carrière : elle passe d'une artiste apolitique à une figure influente et politiquement engagée, avec de véritables conséquences dans la sphère publique.

Lors des élections présidentielles de 2020, Taylor Swift a intensifié son engagement politique. Elle a publiquement soutenu Joe Biden et Kamala Harris, et exhorté ses fans à voter pour eux. Taylor Swift a critiqué l'administration Trump pour sa gestion de la pandémie de COVID-19 et sa politique qui sème la division. Elle a également participé à des campagnes pour encourager la participation électorale, en collaborant avec des organisations pour promouvoir l'inscription sur les listes électorales et la participation des jeunes électeurs.

DÉFENSE DES DROITS DES FEMMES

Taylor Swift a utilisé sa plateforme pour défendre les droits des femmes à plusieurs reprises. En 2017, elle a remporté un procès contre un DJ qu'elle accusait de l'avoir agressée sexuellement, et a demandé qu'il lui donne symboliquement 1 dollar en dommages et intérêts. Cette action a été saluée comme un geste courageux, et a inspiré d'autres victimes à parler et à chercher justice. Elle a également dénoncé les inégalités salariales dans l'industrie musicale et a soutenu les mouvements *#MeToo* et le mouvement *Time's Up*, qui luttent contre le harcèlement et les abus sexuels. Taylor Swift a mis en lumière la nécessité de protéger les femmes dans tous les secteurs et l'importance de garantir l'égalité des chances.

SOUTIEN À LA COMMUNAUTÉ LGBTQIA+

Taylor Swift s'est également engagée en faveur des droits LGBTQIA+. En 2019, elle publie la chanson "*You Need to Calm Down*", dans laquelle elle dénonce l'homophobie et exprime son soutien à la communauté LGBTQIA+. Le clip vidéo de la chanson, rempli de célébrités LGBTQIA+ et d'allié·es, a renforcé ce message. Elle a également lancé une pétition pour soutenir *l'Equality Act*, un projet de loi qui soutenait la garantie de protections pour les personnes LGBTQIA+ aux États-Unis, et visait, entre autres, à interdire la discrimination fondée sur le sexe, l'identité de genre et l'orientation sexuelle. Taylor Swift a utilisé ses concerts et ses apparitions publiques pour encourager ses fans à signer cette pétition, ce qui a fait monter le nombre de signatures très haut, jusqu'à des millions.

Chèr·es Swifties,

Nous voilà arrivé·es à la fin de ce guide. Ce voyage à travers l'univers de Taylor Swift nous a permis de revivre les moments forts de sa carrière, d'explorer toute la palette de son ingéniosité et de mettre en avant ensemble cette artiste exceptionnelle. J'ai eu la chance de plonger dans l'univers riche et inspirant de Taylor, de revisiter les moments clés qui ont marqué sa vie, ses chansons emblématiques et de partager des anecdotes qui, je l'espère, auront fait écho à vos propres souvenirs et émotions.

Ce livre est aussi le vôtre, car sans vous, les Swifties n'existeraient pas et rien n'aurait été possible.

Que vous soyez un·e fan de la première heure ou que vous l'ayez récemment découverte, j'espère que ce livre vous aura permis d'en savoir plus et vous aura touchés. Continuons ensemble à faire résonner sa musique à travers nos propres histoires et expériences.

Et finalement, je n'ai qu'une dernière chose à dire :

"Long live all the magic we made."

Vive toute la magie que nous avons créée.

EDITIONS

404 Editions
Un département d'Édi8,
92, avenue de France, 75013 Paris
serviceclients@lisez.com

Autrice : Cali Boulghobra
Illustrateur : Harry G. Ward

***Maquette intérieure :** SKGD-Créations*
***Maquette de couverture :** Laura Borée*
***ISBN** : 979-10-324-0930-5*
***Dépôt légal** : octobre 2024*
Achevé d'imprimer en août 2024 par Finidr, en République tchèque.

Stock Image Credits:
Shutterstock copyright © pages 14, 17, 19, 32, 35; 41, 47, 48, 49, 56, 69, 77, 88, 107